博物馆里的中国

故宫

北崖 编著

中国经济出版社
CHINA ECONOMIC PUBLISHING HOUSE
·北京·

吉祥故宫

纹必有意

意必吉祥

图书在版编目（CIP）数据

博物馆里的中国. 故宫 / 北崖编著. -- 北京 : 中国经济出版社, 2025. 8. -- ISBN 978-7-5136-8267-1

Ⅰ. K87-49

中国国家版本馆CIP数据核字第2025F625T3号

策划编辑　龚风光　李　伟

责任编辑　龚风光　李　伟

特约策划　山谷有鱼　王　颖

摄　　影　北　崖

责任印制　李　伟

装帧设计　山谷有鱼　张伯阳

封面设计　日·尧

出版发行　中国经济出版社

印 刷 者　北京利丰雅高长城印刷有限公司

经 销 者　各地新华书店

开　　本　889mm × 1194mm　1/48

印　　张　7.5

字　　数　120 千字

版　　次　2025 年 8 月第 1 版

印　　次　2025 年 8 月第 1 次

定　　价　78.00 元

广告经营许可证　京西工商广字第 8179 号

中国经济出版社　网址 www.economyph.com　社址　北京市东城区安定门外大街 58 号　邮编 100011

序言

故宫，历经600余年风雨；故宫博物院，也将迎来百年华诞。故宫不仅是全球现存规模最大、保存最完好的木质结构古建筑群，也是无数国宝的栖息之地。这里的一砖一瓦、一器一物都诉说着历史的沧桑、映照着昔日的辉煌，共同构成了世界遗产中这颗无价的明珠。

蒋勋先生曾说："美是历史真正的核心。"故宫之美，既在宏大处，亦在细微处。故宫的魅力不仅在于其宏伟的建筑，更在于那些历经沧桑、流传至今的文物瑰宝。这些瑰宝造型多样、纹饰精美、寓意丰富，"纹必有意，意必吉祥"，无论是建筑、青铜器、瓷器、珠宝，还是书画等，都蕴含着深厚的历史文化内涵和福寿绵长、物阜年丰的美好祈愿。

本书以文物承载的故宫历史及吉祥寓意为主线，集萃故宫的尊贵与雅致、吉祥与美好，通过精心挑选的文物高清摄影图，辅以基本介绍和深入浅出的历史文化背景知识拓展，为读者呈现别具一格、立体多彩的纸上故宫，以此领略故宫之美、吉祥之美。

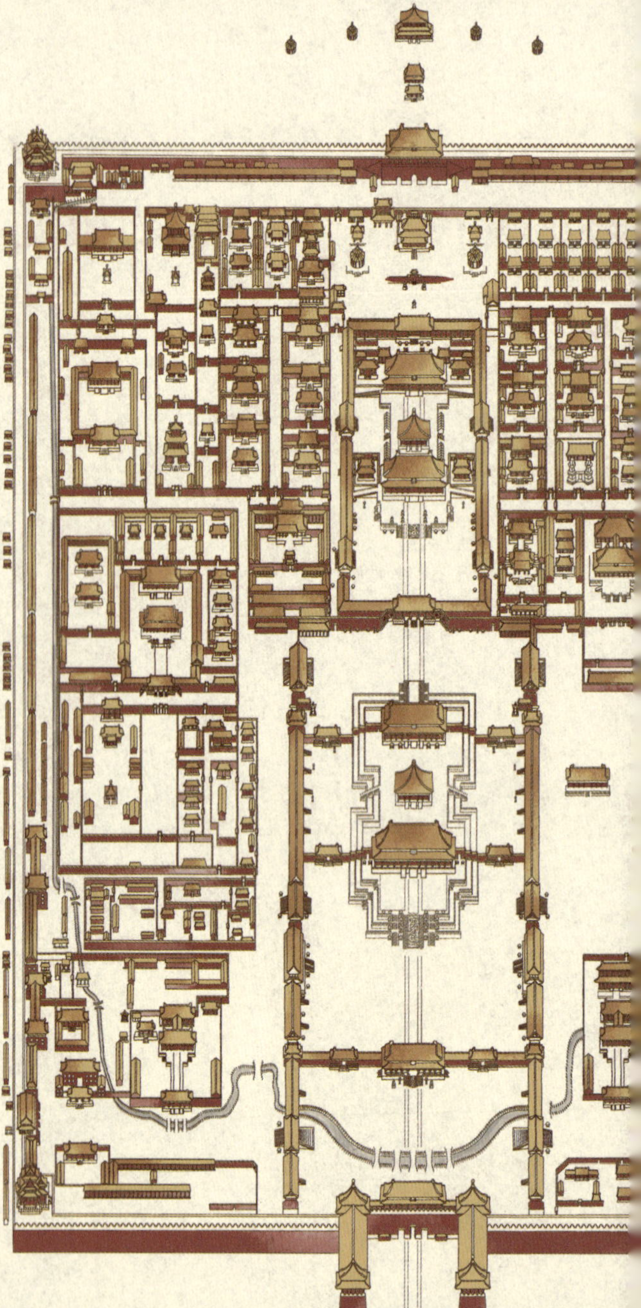

故宫

一座城

故宫是一座城，一座屹立600多年的宫城。

天上紫微垣，人间紫禁城。故宫位于北京城中轴线，是明清皇城的核心，皇帝居住与执政的场所。它南北绵延961米，东西横跨753米，外有10米高的城墙和52米宽的护城河环绕，四面城门、四座角楼共同拱卫。

城内规划严谨、体系完整、功能分区明确，是明清两个王朝的枢纽，天下的中心。一砖一瓦，皆是岁月史诗；一角一檐，皆藏家国旧梦。

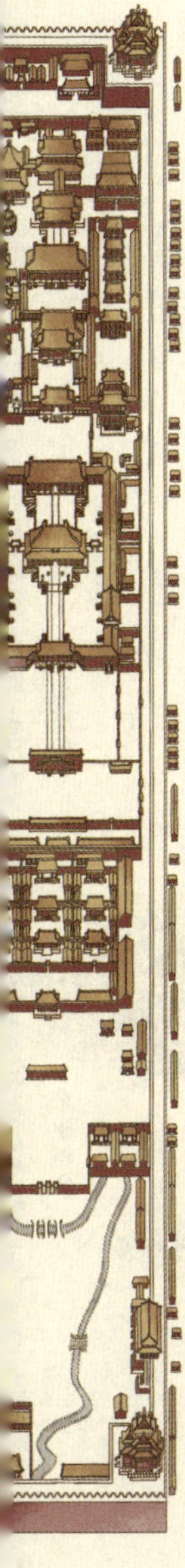

故宫全景示意图

故宫是一组建筑乐章，一组洋溢着中华礼制文明的恢宏乐章。

如历代王朝一样，故宫严格按照《周礼·考工记》营建，『左祖右社，面朝后市』『三朝五门』，以乾清门为分界线，南面为前朝，以太和殿、中和殿、保和殿为中心，是国家政务区；北面为内廷，以乾清宫、交泰殿、坤宁宫为中心，是皇家生活区。

故宫是世界上现存规模最大、保存最完整的木质结构宫殿建筑群，遵循中轴对称布局，建筑形制等级分明，装饰规制严谨，红墙黄瓦间雕梁画栋错落有致，凝聚着古代文明智慧与建筑技艺精华，是举世公认的世界建筑史瑰宝。

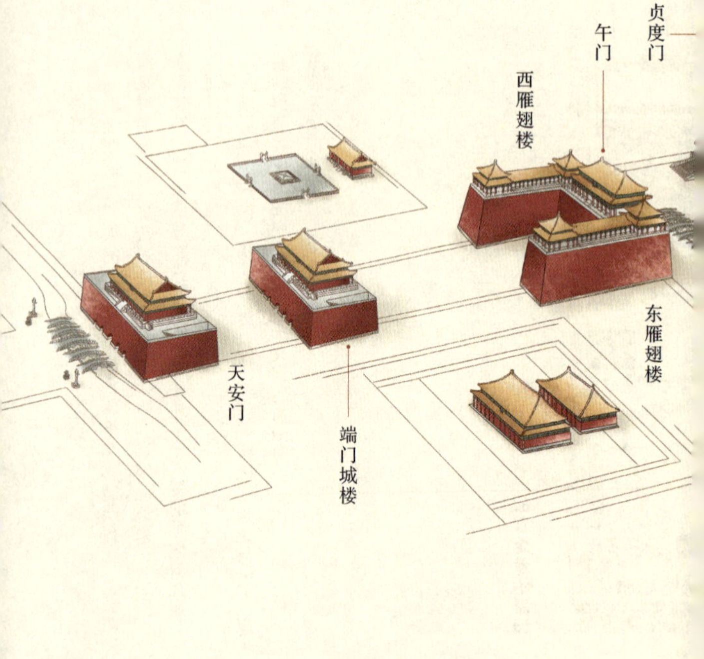

故宫

一组建筑乐章

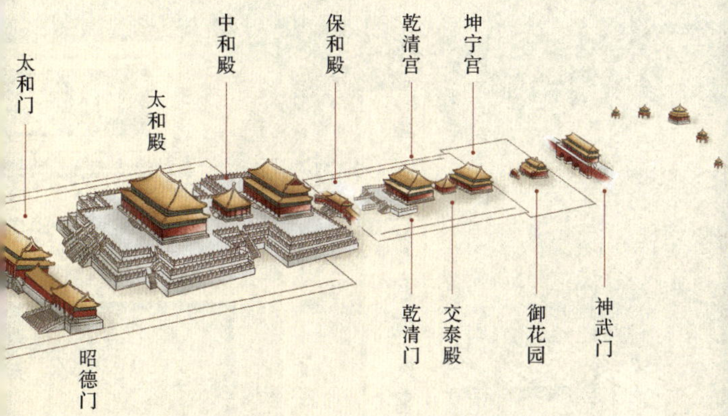

故宫中轴线建筑

故宫是一家博物院，一家即将迎来百年华诞的宫殿式博物院。

故宫博物院自1925年10月10日成立，昔日帝王宫阙，化身今朝艺术殿堂，各类展览精彩纷呈，美不胜收。

原状陈列是故宫博物院最具特色、引人入胜的展览形式，将宫殿和文物藏品按照特定历史时期的原貌展示，复现古代政务活动和宫廷生活场景。

专馆展览展示了故宫丰富的藏品，通常设在东西六宫或其他侧殿、配殿之中，分门别类展示陶瓷、钟表、金玉、家具等中华艺术瑰宝。

故宫博物院还会在午门、文华殿、神武门等处定期或不定期举办各种临时展览和专题展览，展览主题多样、形式灵活，持续为观众带来文化盛宴。

故宫

一家博物院

乾清宫内景

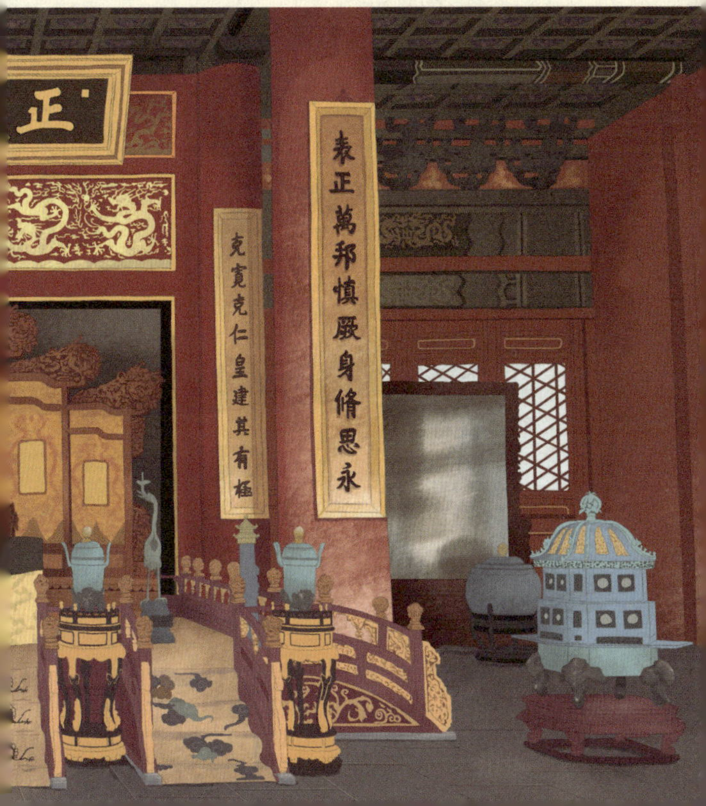

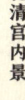

故宫是一座宝库，一座藏有180万余件（套）珍贵文物的巨大宝库。

馆藏文物以明清宫廷文物类藏品、古建类藏品、图书类藏品为主，涵盖陶瓷、书画、法书、碑帖、铭刻、青铜器、珐琅、漆器、雕塑、金银锡器、玉石器、玺印、织绣、文房用具、家具、钟表仪器、玻璃器、竹木牙角匏、首饰、武备仪仗、音乐戏曲、生活器具等门类，琳琅满目，锦绣盈眸。

故宫不仅仅是收藏文物的博物院，其本身就是体量最大、内涵最丰富的人类文化遗产。有些藏品在不同展馆长期陈列，而有些藏品则要等专题展览才能一睹风采。此外，还有数以百万计的珍贵藏品可通过数字多宝阁、数字文物库、故宫名画记等线上方式观赏。

新石器时代红山文化
玉玦形龙

战国
辟大夫虎符

唐
三彩骆驼

汉
白玉辟邪

西周
虢叔旅钟

故宫

一座宝库

明万历
点翠嵌珠石金龙凤冠

金
白玉镂雕“春水”图佩

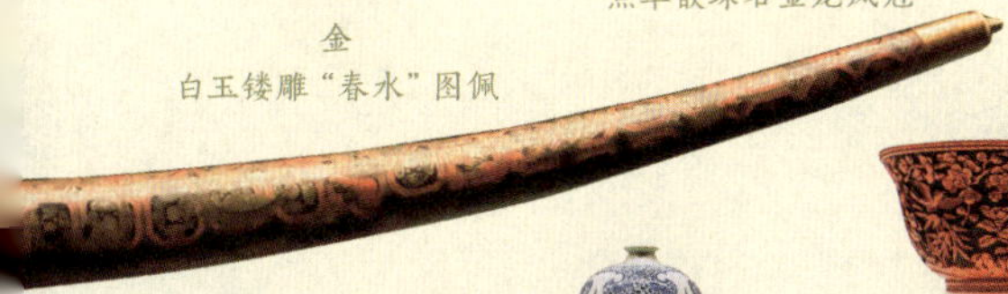

清乾隆
彩漆描金鹿哨

清嘉庆
剔红花鸟图碗

北宋
定窑白釉孩儿枕

元
青花云龙纹梅瓶

故宫是一部史书，一部刻着明清600多年风云变幻的立体史书。

故宫以宫殿为纸、以岁月为墨，书写了明清两代的兴衰荣辱与悲欢离合。自明永乐十八年（1420年），明成祖朱棣正式迁都北京，至清末皇室退出历史舞台，明清两代共有24位皇帝在此居住理政、执掌天下。故宫见证了宫廷祭祀宴飨、宫廷典制、节庆习俗，构成了一幅最鲜活的立体画卷。

故宫

一部史书

乾清门广场

家国

故宫，既是明清两代24位皇帝的『家』，也是中华5000年文明的『国』之缩影。

『家』的秩序伦理与『国』的政务治理交织一体，完美融合于这座气势恢宏的皇家建筑群中。无论是等级分明的建筑布局、构件、纹饰，还是代表皇权的玺印、礼器、服饰、仪仗器用，抑或是象征家国理念的陈设、器物等，无不映射着『家国同构』的东方智慧与中华文明的博大气象。

壹

01

玉璧是中心镂孔的圆形玉器，外缘轻盈纤薄，内缘沉稳厚实，中央孔径通常较小。玉璧不仅是装饰美器，还承载着礼仪与祭祀的功能。作为祭天仪式中的重要礼器，玉璧常为部落首领、巫师及尊贵贵族所持有，象征着尊贵的权力与等级。

重环玉璧出自新石器时代凌家滩文化晚期，玉质细腻温润，表面光泽熠熠，是史前时期极为少见的镂空双重圆环设计，外环之上、下、左、右共有四个小孔，因其外观独特而精美，成为 2022 年北京冬季奥运会的奖牌设计灵感之一。

新石器时代凌家滩文化　重环玉璧

新石器时代良渚文化　玉九节人面纹琮

02

玉琮是一种古老的玉礼器，内部中空，内圆外方，象征古人“天圆地方”的宇宙观念。其制作工艺复杂，通常在表面雕饰线条、神面纹等各类纹饰。玉琮起源于新石器时代，既是祭祀礼器，也是贵族身份的象征。《周礼》有“以黄琮礼地”的记载。

这件良渚文化时期的玉琮造型独特，器身分为九节，每节均雕饰简化的神人纹，显得庄严肃穆且充满神秘感，这可能代表着当时人们崇拜的神祇或祖先形象，彰显了玉琮沟通天地的功能。

新石器时代红山文化　玉坐人像

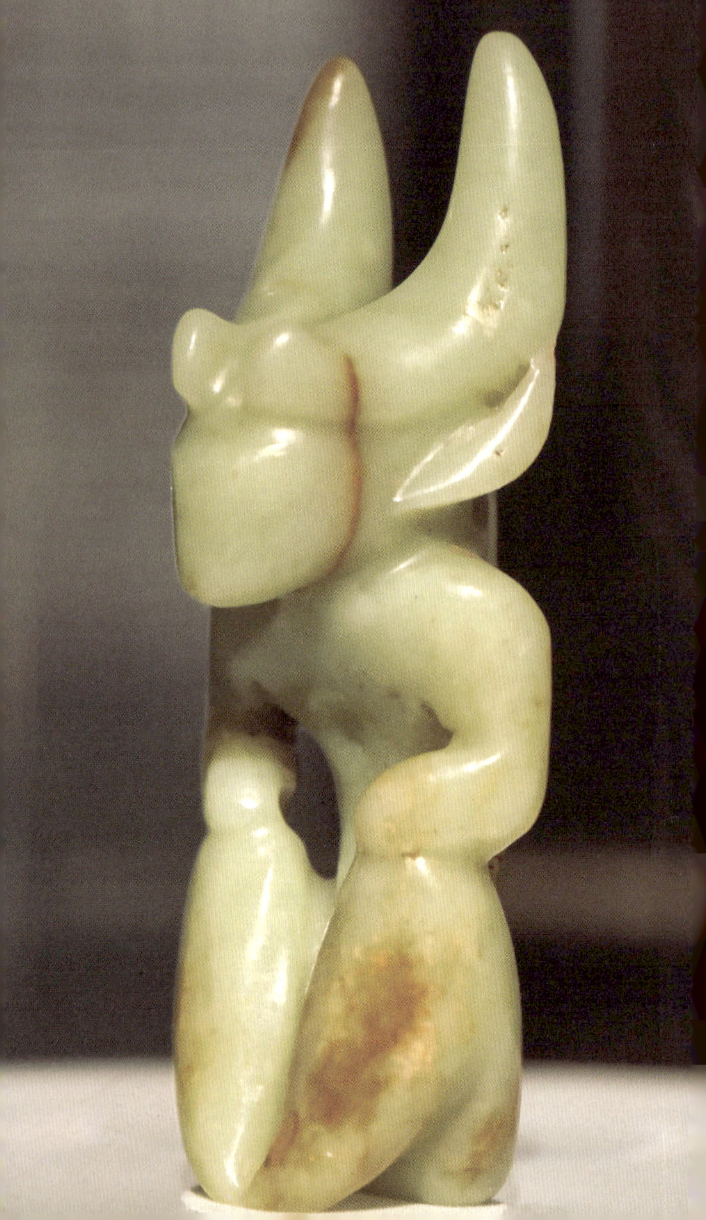

03

玉坐人像以黄绿色玉料精心雕琢而成，表面有大面积的铁褐色沁斑。人像的腰部纤细，腿部修长，头部形似光滑的鸡蛋，下巴较尖；额头上刻有网格纹饰，头戴兽形冠饰，冠顶立有高耸的角状装饰；后颈部设有对穿孔，便于悬挂佩戴。

玉坐人像表现的应是巫师形象，他可能正在进行某种神秘的仪式活动。在原始社会，人们深信巫师拥有超凡的法力，而巫师形象的玉器则被视为能沟通天地、神灵与祖先的媒介。

04

玉祖神像出自红山文化晚期，上半部分雕刻神人形象，下半部分刻画神兽形象。神人头戴勾云形高冠，衣带飘飘，宛如祥云萦绕。观察该玉器，神人双手拄着一根权杖形物，可能象征着权力与权威；双足踏在角状物之上，其下有一神兽。整件玉器纹饰繁复精致，被学者誉为“玉祖神”。其形象可能象征着远古部落首领与巫师的双重身份，可以在祭祀中沟通天地，是高等级神像的代表。

新石器时代红山文化　玉祖神像

西周　虢叔旅钟

05

周人崇尚礼制，他们在铸造青铜器时，常常用铭文颂扬天子与祖先的功德伟绩，记述家族的荣耀与传承。虢叔旅钟是西周晚期贵族虢叔旅为其父辈铸造的一组编钟中最大的一件，上面铸有长达91字的铭文,追述了祖先的辉煌功业，感激了周王室的恩赐，祈愿祖先庇佑子孙后代。

西周　青玉龙纹玉璧

06

青玉龙纹玉璧呈深邃青绿色，夹杂着白色与褐色的沁斑，两面雕刻相同的龙纹图案。玉料边缘有残缺，工匠巧妙雕琢两只侧身行走的老虎，羽形斑纹刻画入微，老虎圆睁双目，张口吐舌，似乎在大声咆哮，气势威猛，虎尾在缺口处自然卷曲，工匠因材施艺，将玉料缺憾转化为设计的一部分，令人赞叹不已。

07

石鼓为花岗岩鼓形石刻，共计 10 件，制作于战国时期的秦国（约公元前 3 世纪），于唐代初年重见天日，形状类似鼓，故得名“石鼓”。每鼓皆镌刻一首四言诗，书体为大篆，记载内容是秦国国君的游猎活动，故又称“猎碣”。

战国·秦　石鼓（局部）

08

龙泉窑是中国历史上一个著名的瓷窑体系，历史悠久，因其地处浙江龙泉而得名。

宋代龙泉窑青釉琮式瓶仿玉琮造型烧制，故得名“琮式瓶”，通体施青釉，胎质细腻，釉色淡雅，质感温润，宛如美玉，瓶身开细碎片纹，更添几分别致韵味。琮式瓶棱角分明，线条简练，既体现了宋代瓷器造型的简约含蓄之美，也映射出宋代仿古之风的盛行，是瓷器工艺与文化艺术的完美结合。

宋　龙泉窑青釉琮式瓶

宋　白玉双立人耳礼乐杯

09

宋代玉杯，由白玉雕琢而成，透出淡雅的青色，表面点缀褐色斑点。其造型为宋元时期流行的双立人耳杯样式，杯沿两侧各雕有一人，脚踏祥云，双手环抱杯沿，巧妙地构成了器物的耳部。

玉杯内壁精雕细琢 32 朵祥云，外壁以凸雕技法生动刻画了 10 位人物，他们或持笙、笛、排箫、琵琶等乐器进行演奏，或纵情歌唱，人物服饰华美，飘然出尘，人物中间还有口衔灵芝的小鹿，描绘的可能是贵族的礼乐场景。

10

这尊鼎式炉是元代掐丝珐琅器的代表作，采用掐丝珐琅工艺，器盖为后配。炉内是铜鎏金胆，口沿上有一对竖直冲耳。鼎腹图案以一道鎏金弦纹为界，上半部分较小，以绿色珐琅为地，装饰着十二朵白色菊花，形态各异，在微风中轻轻摇曳；下半部分较大，以蓝色珐琅为地，六朵缠枝莲花绽放其间，花朵饱满，枝叶舒展，生机盎然。鼎足部分同样采用了蓝色珐琅，并点缀彩色菊花纹，与上半部分的装饰风格呼应，整件鼎式炉造型古朴庄重，融合了中国传统美学与波斯艺术元素，色彩鲜艳，光泽晶莹，是元代掐丝珐琅器的精品之作。

元　掐丝珐琅缠枝莲纹冲耳鼎式炉

明洪武　釉里褐花卉纹宝座

11

明洪武二年（1369 年），朝廷在景德镇设立御器厂，专门为皇室烧造瓷器。在此后的四五百年间，这里被称为“御窑”或“官厂”，为明清宫廷生产了大量精美瓷器，用于宫廷陈设、祭祀、赏赐、日用等。景德镇也逐渐成为全国制瓷业的中心。

洪武时期的瓷器沿袭元朝风格，外形敦厚大方，画风古朴典雅。这件瓷器仿照皇帝御用的木质宝座设计，釉呈铁褐色，通过浮雕手法巧妙地展现了木制结构的特点，围挡里外绘有精美的折枝花纹，座面为菱形锦纹，整体造型优美，风格古朴，为人们提供了了解当时宝座形制的宝贵实物资料。

12

“葫芦”谐音“福禄”，其形状酷似“吉”字，故得名“大吉瓶”。在古代神话传说中，葫芦瓶是道家法器，用于盛放仙丹；鹤为仙禽，象征着长寿；青色又称“玄色”，为道家钟爱之色。因嘉靖皇帝尊崇道教，痴迷炼丹修斋，所以葫芦瓶造型器皿在这一时期颇为流行。

这件精美的葫芦瓶为景德镇御窑烧制的青花瓷器，瓶颈饰蕉叶纹，细腰部环绕缠枝灵芝纹；葫芦形上下腹部绘有飞舞的仙鹤、缭绕的祥云、漂亮的如意以及吉祥的寿山、福海等图案，上腹四圈内分别书“风调雨顺”，中间饰折枝灵芝纹；下腹书“国泰民安”，中间饰折枝寿桃纹；圈足饰缠枝花果纹。整件瓷器青花色泽鲜艳，吉祥图案错落有致，通过这些富有深意的吉祥纹饰和词语，表达天下太平、物阜民安的美好愿景。

明嘉靖　青花“国泰民安”云鹤纹葫芦瓶

清　太和殿日晷

13

日晷是古代的标准计时器，以日影投射指针长短测量时间。嘉量是古代的标准计量器，以容器测量多少。它们不仅是时间和空间的测量工具，还是皇权的重要标志，象征皇帝向天下授时、统一度量衡的至高权力，代表国家的权威和统一。

14

日晷与嘉量均是皇家建筑的重要陈设，通常成对出现，一般日晷在东侧，嘉量在西侧。故宫太和殿、乾清宫、宁寿宫皇极殿的丹墀上，均有日晷与嘉量，皇极殿前的嘉量仅余石亭。

清　太和殿嘉量

15

玉玺，特指皇帝的玉印，它不仅是皇权至高无上的象征，更是权力的直接体现。玉玺通常用上佳玉石精心制作，其上雕刻有龙、虎等吉祥纹饰，用以加盖重要法令与文书，代表着统治者的旨意，具有极高权威性。

印玺制度始于秦朝，皇帝与皇后的印章称“玺”，其余均称“印”。乾隆皇帝对皇家印玺进行了整理与鉴别，钦定印玺 25 枚，这些印玺被收藏于交泰殿的方形宝盝中，称为“二十五宝”。其中，“大清受命之宝”位居二十五宝之首，象征着清朝皇帝“受命于天”，是皇权合法性的最高证明，它以白玉为材，采用方形设计，其顶部饰以盘龙纽。

清崇德　白玉盘龙纽“大清受命之宝”

清顺治 《摄政王多尔衮谕诸王及大臣令旨》雕版

16

清军入关之后，摄政王多尔衮颁发了一份令旨，主要内容为告诫各位王公和大臣，在此进取中原之际，应各尽其职，不得为一时之利而贪赃枉法，违者必将严惩。

这份雕版是印刷政令文书的底版，由清内府于顺治元年（1644 年）五月刻制，四周环绕着龙纹边框，规制极高。这是一件极为罕见的文物，也是清政府早期从事印刷活动的重要实物依据。

17

万年青是常绿草本植物，叶片宽厚挺拔，结橘红色浆果。这件像生盆景以碧玉雕琢万年青肥厚的叶片，用珊瑚塑造红艳的浆果，以铜镀金工艺制作灵芝并镶嵌宝石，工艺精湛，细节处理细腻入微，呈现富丽堂皇的美感。

万年青名字寓意“万年”，“青”与清朝国号的“清”同音，“筒”与“统”同音，筒状容器中放置万年青，寓意“一统万年”，既寄托了清朝皇室贵族永保江山社稷、万年长存的祈愿，也暗含了河清海晏、四海清平的吉祥寓意。此类仿生盆景备受皇室喜爱，常作为宫廷年节中的装饰陈设。

清　红釉筒式盆碧玉万年青盆景

清　皇极殿掐丝珐琅太平有象

18

故宫博物院的皇极殿宝座前，陈列着两尊大型掐丝珐琅白象，它们背上驮载着精致的宝瓶，这被称作“太平有象”，象征着河清海晏、天下太平、民众安康、物产丰富。

大象作为陆地上体型庞大的哺乳动物之一，以其温顺友好的天性著称。在中国传统文化中，大象不仅被视为吉祥的象征，还是佛教文化中普贤菩萨的坐骑，传说它能预示吉兆。古代常有“太平有象”与“喜象升平”的说法，“象”与“祥”谐音，象征着力量、稳重与长寿；“瓶”与“平”谐音，代表着和平与繁荣。

太平有象天人识，南陌东阡捣麦香。

——陆游《春晚村居》

19

玉山子是一种圆雕山林景观，通常先绘制精细的平面图，随后依图雕刻，因此成品往往以图示命名。传统玉山子主要描绘山水、人物、楼阁等元素，可分为吉祥、山水等不同题材。

大禹治水图玉山是清代乾隆年间（1736—1795 年）的玉器瑰宝，其用料之巨、耗时之长、体积之大均史无前例，是我国现存最大的玉器，重达 5000 多千克。该玉山以宋代名画《大禹治水图》为创作蓝本，经宫廷造办处绘制纸样后，由画师在玉料上临摹，随后将玉料运至扬州，由扬州工匠历时六年雕琢成品。其底座采用嵌金丝的山形褐色铜铸座，制成后一直安放于宁寿宫的乐寿堂之内。

清乾隆　大禹治水图玉山

清乾隆　青玉交龙纽“五福四得十全之宝”

20

此玺以青玉制成，纽部为昂首相缠的交龙，玺面镌刻篆字阳文。“五福”出自《尚书·洪范》，指“寿、富、康宁、修好德、考终命”；“四得”指人生的四大端——“位、禄、名、寿”。乾隆皇帝晚年自号“十全老人”，自诩文治武功第一，回顾其在位以来取得的统一新疆回部、平定大小金川等历次军事胜利，称为“十全武功”。“五福四得十全之宝”是乾隆皇帝对自己一生功绩的总结和自我赞赏。

21

碧玉兽面卧蚕纹璧仿战国时期玉璧形制，纹饰具有典型清代风格，主要由内区卧蚕纹和外区兽面纹组成。卧蚕纹细腻流畅，如同一个个紧密排列的小圆点，环绕璧孔一周；外区夔龙纹与兽面纹以“回”字纹为底，雕刻精细，身姿舒展，形态生动，与卧蚕纹搭配，共同营造一种神秘而庄重的氛围。

清乾隆　碧玉兽面卧蚕纹璧

清　白玉牺尊

22

随着满族的入关，满族文化与中原传统文化融合，清朝继承中华传统礼仪，宫廷里不但广泛收藏历代法书、名画、青铜器、瓷器、玉器等珍品，也兴起慕古仿古的热潮，大量仿制古代礼器，这些器物主要用于皇室贵族赏玩与装饰，其用途与先秦时期用于祭祀、典礼的礼器截然不同。

这件白玉牺尊仿东周青铜牺尊风格制作，整体呈现为一尊昂首站立的牛形象，耳朵竖立，背部设有盖子，牛身雕刻着精美的云纹，玉质细腻温润，雕刻精细。

23

皇极殿是宁寿宫区域规模最大、规格最高的正殿，装饰等级堪比太和殿、乾清宫，规格极高。其槅扇门的裙板施朱红色漆，正中团形盒子内雕饰双龙戏珠图案，头颈部透雕贴金，下方为海水江崖纹，四角装饰卷草纹，边角部分贴金。裙板外上下绦环板内饰贴金小龙。整个裙板金光灿灿，细节之处尽显精美，尽显富丽堂皇、奢华尊贵的特质。

清　皇极殿槅扇门浑金团龙裙板

清　掐丝珐琅“海晏河清”图烛台

24

“海晏河清”典故出自唐代郑锡的《日中有王子赋》“河清海晏，时和岁丰”，大意是黄河水变得清澈，大海波澜不惊，社会安定和谐，连年丰收繁荣。黄河水清，象征着圣人将出；沧海波平，寓意着太平稳定，这一成语用以描绘天下太平、社会安定，是中国古人对太平盛世的颂扬与向往。

这件烛台整体造型精巧别致，运用了精美的掐丝珐琅工艺，一只优雅凫鸟双足立于圆盘内的神龟玄武之上，神态安详，其头顶为竖直的圆柱烛扦，中间为圆形烛盏。烛台底部盘浅刻江崖图案及莲瓣纹，凫鸟、神龟踏浪于海水波浪和层叠山峰之间，寓意“海晏河清、国泰民安”。

25

欹器是古代的一种盛水器，中空时是倾斜的，当注入大约一半的水时会保持端正，如果注满水就会向另一侧倾覆将水倒出。孔子曾在鲁恒公庙中观欹器，借由这件器物教导弟子“虚则欹、中则正、满则覆”的道理。

铜镀金欹器，又名“铜镀金戒盈持满”，正面横梁上錾刻有篆书“光绪御制”字样，下方横板两面铭刻着孔子观欹器时与守庙者及弟子子路的对话。此器物于清光绪、宣统年间陈设于皇帝寝宫，推测其为皇帝自我警醒之用。

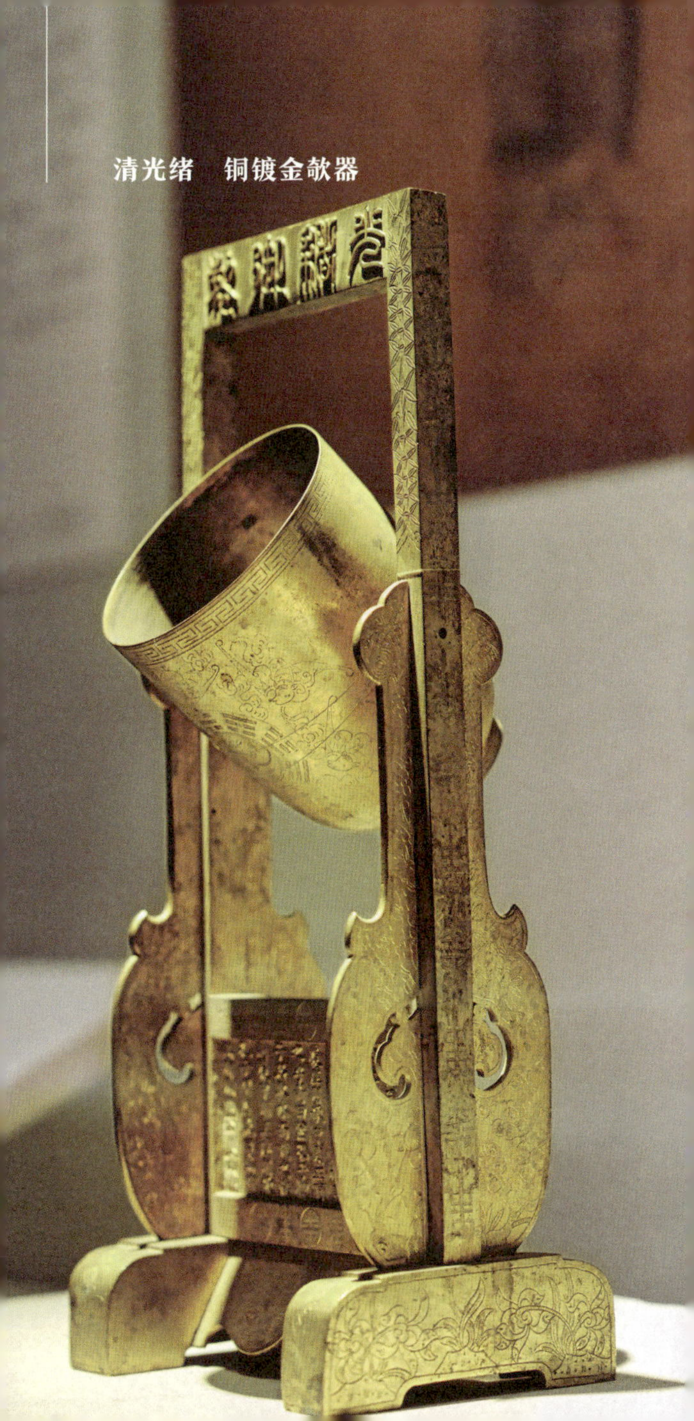

清光绪　铜镀金欹器

清康熙　青花“丙吉问牛”图梅瓶

26

“丙吉问牛”典故出自《汉书·丙吉传》，讲述了汉宣帝时期的丞相丙吉在外出巡视时，对路旁斗殴致死伤的人群不予理会，却因一头牛喘息而停下询问原因。他认为，斗殴之事有长安令和京兆尹负责，而牛喘可能预示着天气异常，影响农事，因此需要丞相过问。这个典故后来用来赞誉官员能洞察重大事务、明确职责所在，注重民生的细微之处，关心民众的疾苦。

这件青花梅瓶上描绘了“丙吉问牛”的场景，侧面反映了古代的为政理念。画面中一位农夫右手牵牛，左手指向牛，正在向面前的官员述说着什么，官员身旁，一位童子高举着伞盖，恭敬地侍立一旁。整个场景的描绘细致入微，人物形象栩栩如生，神态生动传神。

清　东珠朝珠

27

清朝皇室成员及高级官员穿朝服、吉服时胸前佩戴朝珠，由 108 颗珠子串成，通常采用玉、翡翠、青金石、蜜蜡、珍珠、珊瑚、绿松石等珍贵材质制作，外观与念珠相似。朝珠的佩戴有严格的官品限制，如文官五品以上、武官四品以上，及军机处、礼部、国子监等所属官员等，才有资格佩戴这种礼制性饰品。

皇帝大朝、祭天、祭祀宗庙时所佩戴的朝珠，是以东珠制作的。东珠是一种产自满族发祥地东北松花江的大珍珠，只有皇帝、皇太后、皇后才能使用。帝后驾崩后，皇室会将未随葬的朝珠妥善收藏，用于瞻仰纪念。乾隆朝以后，这些朝珠通常被安置于交泰殿内。

清八旗盔甲

八旗是清代满族的军事组织形式和户口编制制度，最初设立正黄旗、正白旗、正红旗、正蓝旗，其后增设镶黄旗、镶白旗、镶红旗、镶蓝旗，共八旗。八旗制度“以旗统人，以旗统兵”，兵民合一，集军事、行政、生产功能于一体，降附蒙古族、汉族等也归入八旗体系。清军入关后，八旗主要作为军事组织与行政组织。

清朝皇帝定期会在京郊的南海子、玉泉山举行大阅礼，阅兵而讲武，以示“居安不忘危”。参加大阅的八旗将士身着不同颜色的军服和盔甲，代表着不同的身份等级。

正黄旗

正白旗

镶黄旗

镶白旗

正红旗

正蓝旗

镶红旗

镶蓝旗

28

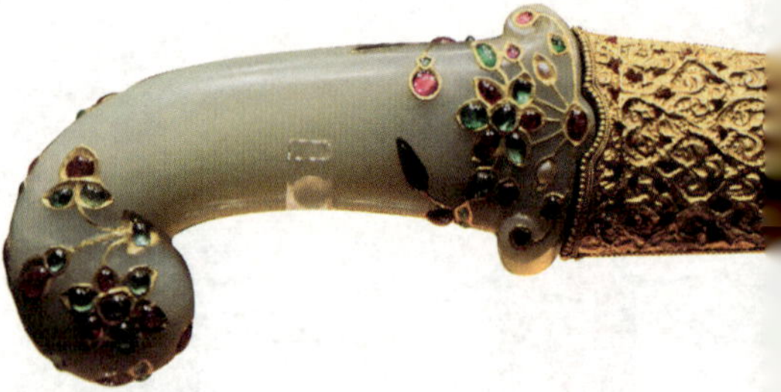

清　玉嵌宝石柄铜叶鞘匕首

古代冷兵器分为长兵器和短兵器，匕首作为短兵器代表之一，以其灵活多变、便于携带的特点，多被用于防身和贴身搏斗之中。清代御用匕首制作精良，刀鞘和柄部往往选用金银、玉石、名贵木材等雕琢镶嵌，装饰奢华，堪称珍宝。

这件匕首柄部以青玉制成，呈卷首状，镶嵌金线及红、绿宝石与珍珠，布局成花卉图案，华贵精美；刀鞘为鎏金铜叶形，通体镂雕缠枝花纹，细密繁复，错落有致，鞘口处的铜环设计精巧，便于穿系与悬挂。

宫色

故宫是一座中国传统色彩的殿堂。故宫皇家建筑与万千文物，无不浸润着古代宫廷色彩美学，堪称中国古代色彩哲学、等级制度审美情趣的完美呈现。

故宫的黄瓦红墙、彩画雕饰、织绣服章、金玉珍玩、陶瓷珐琅、水墨丹青，都表达着中国古代色彩美学的理念。中国传统色，既是视觉的盛宴，也是古代权力秩序的体现，还体现着古人对美的追求。中国色是东方美学中独特的篇章。

贰

北宋　千里江山图（局部）

中国古代山水画一般可分为两类：一类是“水墨山水”，以墨绘画；另一类是“青绿山水”，也称“金碧山水”，以石青、石绿等矿物质为主要颜料绘画。青绿山水大约在唐朝时逐渐盛行，敦煌莫高窟中有大量青绿色彩的壁画。

29

《千里江山图》是北宋画家王希孟创作的一幅绢本设色画，作者使用传统的“青绿法”作画，生动地描绘了山河的壮美景象，江河一片绿色，山峰蓝绿相间，色彩鲜艳，笔法精湛，是宋代青绿山水中的巨制佳作，被誉为“古今青绿山水第一长卷”。

北宋　汝窑淡天青釉弦纹三足樽式炉

30

宋代作为中国瓷器美学的顶峰，其瓷器简约含蓄，流行单色釉，诸如青瓷、白瓷、黑瓷等。这些瓷器的器形简洁，装饰元素较少，釉色纯净明亮，泛出玉器一样的光泽。

宋代汝窑烧制的瓷器造型优雅，釉原料中加入了玛瑙，釉色清淡素雅，以天青色为主，被誉为“宋代瓷器艺术之冠”，是古代文人审美的典范，存世稀少。汝窑淡天青釉弦纹三足樽式炉仿汉代铜炉造型，一件收藏在故宫博物院，另外两件流落海外。

元　青花云龙纹梅瓶

31

青花瓷起源于唐代，到元代时制作技术已成熟并实现了大规模生产。它的釉色为白地蓝花，制作时需在毛坯上使用来自西亚的含氧化钴的钴土矿为颜料绘制纹饰图案，再覆盖一层无色透明釉，经过高温烧制而成。

这件梅瓶是元代青花瓷器中的典型作品，造型秀美，工艺精湛，以青花料绘卷草纹、云肩纹、缠枝菊纹、仰莲瓣纹、云龙纹等，错落有致，层次分明，色泽亮丽。尤其是龙纹颇具神韵，龙首高昂，身姿矫健，气势磅礴。

32

青花瓷器以氧化钴为主要着色剂，钴料中铁与锰元素的含量对瓷器色泽影响显著。

从元代到明代天顺时期，青花瓷器的钴土矿青料主要来自西亚进口的“苏麻离青”，烧成瓷器釉色青翠沉着，花纹呈现独特的晕染效果，且常见“铁锈斑”。

这件香炉造型仿青铜鼎烧制，青花纹饰为海水江崖图，海浪汹涌澎湃，浪花与山石相伴，祥云点缀其间；江崖又称“江芽”“姜芽”，纹样上的山头，其上山峰层叠，宛若生姜嫩芽般密布，寓意“寿山福海、江山永固”。海水江崖纹之上，还有双龙与祥云，更添几分尊贵与祥和。此炉造型庄重宏伟，纹饰精美，青花色泽浓艳，晕散明显，是永乐时期青花瓷的杰作。

明永乐　青花海水江崖图香炉

33

甜白釉是永乐时期景德镇御窑创烧的一种白釉，釉面光洁明亮，釉色纯净柔和，莹润如凝脂，色白胜似积雪，给人以温婉甜美之感，故称“甜白釉”。

这件甜白釉梅瓶采用“锥拱”工艺，以尖锥在瓷坯肩部和下部刻划折枝花果纹，腹部刻划缠枝花卉纹，线条流畅自然，构图错落有致，层次分明，有较强的立体感。这些纹饰烧制后若隐若现，需要在较强光线下才能观察到细节。

明永乐　甜白釉锥拱缠枝花纹梅瓶

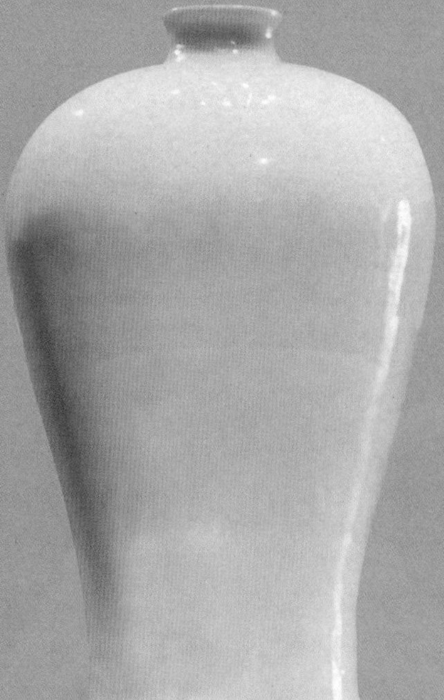

明宣德　青花缠枝花纹花浇

34

明代永乐和宣德两朝所烧造的青花瓷，色彩明艳，纹饰丰富，代表了青花瓷制作的巅峰水平，因其独特的艺术风格和精湛的工艺技艺备受后世赞誉。

这件花浇模仿西亚地区的铜器式样，体现了中西文化间的交流与融合。花浇器身简洁，比例协调，线条流畅，颈部及底部饰蕉叶纹，腹部饰青花缠枝花卉，胎釉细腻，色泽明亮，具有典型永乐和宣德时期青花瓷器特点，展现了当时瓷器制作工艺的高超水平。

清乾隆　明黄色缂丝云蝠寿金龙纹男单龙袍

35

此件龙袍是乾隆皇帝御用之物，在明清服色制度中，明黄色等级最高，这种黄色明亮而温暖，是传统文化中的中央之色、至尊之彩，用于皇帝、皇后和皇太后礼服，象征皇权尊贵和权威。

龙袍采用缂丝工艺精心织造，其上绣有华丽繁复的纹饰，金龙象征着皇权，周围环绕着五彩云纹与蝙蝠纹，寓意着福寿与吉祥。升腾的祥云、波涛汹涌的海水与层叠山崖所构成的海水江崖纹，象征着江山永固。

十二章纹

龙袍上饰有十二章纹，包括日、月、星辰、山、龙、华虫、火、宗彝、藻、粉米、黼、黻等，每种纹样都承载着独特的美好寓意。

龙

●龙变化多端，象征帝王随机应变治理国家。

山

●山安稳镇重，象征帝王安静庄重，镇定四方。

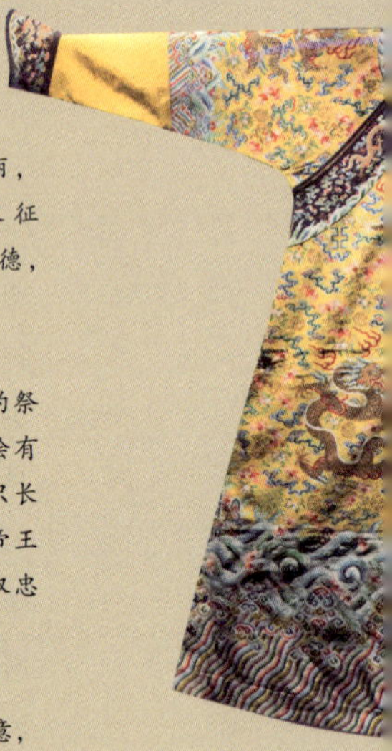

华虫

●华虫羽毛华丽，色彩斑斓，象征帝王有文章之德，耿介正直。

宗彝

●宗彝为宗庙的祭祀礼器，其上绘有一只老虎和一只长尾猴，既象征帝王威猛机智，也取忠孝之意。

藻

●藻取洁净之意，象征帝王洁净和清廉，不受俗事侵扰。

●日、月、星辰，古人称为“三耀”，取其照临光明之意，象征帝王光明之德，像日、月、星辰一样普照大地。

日

月

星辰

●赤红的太阳中有一只长着三只脚的乌鸦，源自古代三足乌神话故事，传说它是为西王母觅食的神鸟。

●月亮中有一只白兔，源自嫦娥奔月的传说。

●三个圆点连在一起组成三星。

●取光明之意，火焰向上，象征百姓归依。

火

●粉米洁白养人，象征帝王济养天下。

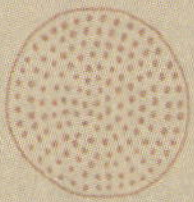

粉米

●黼为斧形，象征帝王刚毅果断、雷厉风行。

黼

●黻为“亞”形花纹，由相反的两个“弓”字构成，象征帝王明辨是非，从善如流。

黻

36

鸡油黄玻璃瓶色泽宛如新鲜鸡油，温润而晶莹，堪比美玉，又称“御黄”或“黄玉”，是黄色玻璃中颜色最佳者，被视为至尊之色。它制作工艺复杂，烧制难度极高，成品率低，素有“十炉九不成”之说，主要供宫廷使用，民间严禁生产。

这件玻璃瓶由模具吹制而成，造型优美，线条流畅，通体呈均匀鸡油黄色，色泽纯正，明快而不失温润，呈色效果绝佳，堪称珍稀瑰宝。

清　鸡油黄玻璃瓶

清嘉庆　黄釉仿竹雕山水人物图笔筒

37

这件笔筒被巧妙地设计成竹节状，通体施黄釉，釉色光润，笔筒上雕刻有山水人物图案，描绘了山水、松石、屋舍、人物等，幽静雅致，引人入胜。

竹在传统文化中象征气节、清廉与坚韧，山水人物图多描绘高士、渔樵、访友等题材。此笔筒以瓷代竹，既模仿竹制品的质感和形态，又以图画表达山水田园的隐逸情趣，浑然天成，颇具巧思。

38

这件衮服可能是康熙皇帝过寿诞时所穿，它采用石青色缎料精心织造，其上共绣有四个团彩云海水金龙纹饰。前胸的团纹上下左右巧妙地融入篆书“福如东海”字样，两肩及后心分别绣有“寿比南山”的篆书字样。衮服在石青色的基调中隐约透出红色，团纹以蓝色、绿色云海为背景，金龙在其中栩栩如生，五彩缤纷，尽显华贵。

团纹由圆形图案构成，内嵌各类瑞兽、花卉、祥云、文字等吉祥纹饰，色彩斑斓，金光熠熠，通常装饰于服饰的前胸、后心及双肩等显要位置，以其圆满自足的形态，象征着和谐与完美。

清康熙　石青色缎绣四团金龙纹夹衮服（局部）

祭祀与服色

“国之大事，在祀与戎”，祭祀是古代帝王极为重要的政治和社会活动。清代皇帝祭祀主要分为大祭、中祭与群祭三大类。大祭包括祭天地、祈谷、祭太庙、祭社稷等；中祭包括祭天神、地祇、日月、岁星、先农等；群祭包括祭祖陵和宗庙祭祀。在举行祭祀典礼前，皇帝须提前斋戒，以表达虔敬庄重之意，在不同的祭祀场合，皇帝需要穿着不同服色的礼服。

清　金嵌珊瑚松石斋戒牌

斋戒牌为清雍正时期制作的警示牌，用于皇帝及官员举行祭祀期间佩戴，旨在提醒佩戴者约束身心，严以自律，保持虔诚恭敬之态，不得放纵与懈怠。这块斋戒牌采用金累丝工艺制作边缘与中部梅花花朵，上下镶嵌绿松石，上部为由绿松石、红珊瑚与青金石组成的兽面纹，两面分别为满汉“斋戒”字样。为便于佩戴，斋戒牌还配有丝绳、珍珠、红珊瑚蝙蝠穿系，显得庄重精美。

清　斋宫八角形浑金蟠龙藻井

藻井是传统建筑物顶棚装饰形式，多用于宫殿庙宇当中，通常位于室内的上方，以细密的斗拱承托，由方井、八方井、圆井等层层组合构成，形状如穹隆，内部装饰包括雕刻、纹饰，以及彩画等元素。故宫建筑藻井正中多雕有蟠龙。

斋宫修建于清雍正时期，是皇帝举行祭祀典礼前斋戒的场所，正殿上方为八角形浑金蟠龙藻井，顶心雕有蟠龙，龙头倒悬，雄浑庄严，华丽精美。

清同治　大红色缂丝金龙纹男夹朝袍

39

故宫东面朝阳门外南侧为日坛，系明清皇帝祭日的场所。举行祭祀典礼时，皇帝在春分当日清晨穿大红色朝服出发登坛行礼。

大红色缂丝金龙纹男夹朝袍是同治皇帝御用的，他是咸丰皇帝和慈禧太后的儿子，六岁登基称帝。朝袍颇为短小精致，以缂丝工艺为小皇帝量身定做，饰青绿祥云、金龙、火珠与海水江崖，以及十二章等纹样，领袖口缀铜鎏金錾花扣。春分时节，天气尚且寒冷，朝袍镶边的皮毛与内里棉衬，既庄重又不失温暖。

40

故宫北面安定门外为地坛，系明清皇帝祭地的场所。举行祭祀典礼时，皇帝会在夏至当日清晨穿明黄色朝服出发登坛行礼。

明黄色纳纱金龙纹男单朝袍是乾隆皇帝御用的，夏至时节天气渐热，朝袍采用轻薄透气的明黄色纳纱面料制作，饰金线绣龙与五彩祥云、海水江崖、十二章等纹样，镶缀珊瑚、珍珠等，色彩华丽，流金溢彩。

清乾隆　明黄色纳纱金龙纹男单朝袍

清嘉庆　月白色缂丝金龙纹男夹朝袍

41

故宫西面阜成门外为月坛，系明清皇帝祭月的场所。举行祭祀典礼时，皇帝会在秋分当日黄昏前穿月白色朝服出发登坛行礼。

月白色缂丝金龙纹男夹朝袍是嘉庆帝御用的，古代称这种淡蓝色为“月下白”，即月光映照下的夜色。朝袍采用缂丝工艺织彩云、金龙、海水江崖、十二章等纹样，色彩和谐，层次丰富，富有立体感。

42

故宫南面为天坛，系明清皇帝祭天、祈谷、祈雨的场所。举行祭祀典礼时，皇帝会在冬至当日清晨穿蓝色朝服出发登天坛行礼。

蓝色缂丝金龙纹男夹朝袍是嘉庆帝御用的，专用于常雩礼（祈求风调雨顺的祈雨仪式）及冬至圜丘坛祭天、祈谷等重大祭祀活动。它采用缂丝工艺织云彩、金龙、海水江崖及十二章等纹样，风格深沉典正，技艺雕琢镂刻，图案层次分明，具有鲜明的礼制特征与精湛的工艺水平。

清嘉庆　蓝色绛丝金龙纹男夹朝袍

清　养性门金龙和玺彩画

雕梁画栋是中国传统建筑的精美装饰形式,早在春秋时期，古人就已在抬梁式木构建筑上施以彩画。故宫建筑群中的彩画主要分为和玺彩画、旋子彩画与苏式彩画，其中，和玺彩画等级最高，主要用于皇宫、皇家坛庙正殿之中。

养性门彩画是金龙和玺彩画，最初为乾隆皇帝建造宁寿宫时所绘，光绪帝时期慈禧太后一度将其改为苏式彩画。如今参观所见彩画为修复后的金龙和玺彩画原貌，彩画以龙的形象为核心，色彩绚丽夺目，运用沥粉贴金工艺，呈现一种金碧辉煌的视觉效果。

43

44

盒子通常位于影壁壁心位置，不仅具有装饰功能，还蕴含“藏风聚气”的风水吉祥寓意。故宫作为皇家建筑群，影壁盒子通常采用琉璃烧制，纹饰繁复而精美，外廓多为八瓣海棠花形，也有圆形、矩形等多种形状。

故宫寿康门影壁盒子纹饰为“鸳鸯戏莲”，两只鸳鸯悠然浮游于水面，周围环绕荷叶、荷花与莲蓬，鸳鸯神态亲昵，莲荷色彩鲜艳，水波线条流畅，整体层次分明，立体生动，象征着和谐美满、健康幸福。

清　寿康宫影壁鸳鸯戏莲盒子

清康熙　郎窑红釉天球瓶

45

郎窑瓷是清代江西巡抚郎廷极在景德镇督造的瓷器，其烧制时间为清康熙四十四年至清康熙五十一年（1705—1712年），其中以“郎窑红”驰誉天下，釉色鲜艳，犹如初凝牛血，光泽如玻璃，雍容华贵，绚烂夺目。郎窑瓷是中国数千年来唯一以督陶官姓氏命名的色釉瓷器，郎廷极也是陶瓷史上唯一一位能将私家堂号与帝王年号并列于官窑瓷器之上的督陶官。

天球瓶的造型源自西亚，中国瓷天球瓶创烧始于明永乐时期，永乐和宣德时期的天球瓶以青花瓷为主，清代天球瓶的釉色丰富多彩。这件郎窑红釉天球瓶造型古朴大方，长颈圆腹，撇口圈足，口沿处露出白胎，釉面光洁透亮，红釉莹澈浅淡，尽显尊贵典雅的气质，具有极高的艺术价值与审美价值。

46

白套红玻璃缠枝花纹三足炉炉身造型仿青铜器形式，底部为三足设计，以白玻璃为胎，外层套以红色玻璃，炉身装饰精美繁复的缠枝花纹，枝叶蔓延、充满生机，足饰兽面纹，神秘庄重。白地红花对比鲜明，线条流畅优雅，整体呈现清新雅致的风格，体现了清乾隆时期宫廷器物追求古朴与创新并重的审美特点。

清乾隆　白套红玻璃缠枝花纹三足炉

清乾隆　珊瑚红釉三足灵芝洗

47

这件三足灵芝洗整体造型端庄小巧，三足巧妙地向上延伸成灵芝，生动逼真，错落有致，宛如漂浮在祥云之上。灵芝在古代被誉为“仙草”，象征着长寿与吉祥；珊瑚红釉是以铁为着色剂的低温釉，由明初矾红彩发展演变而来，近似天然珊瑚之色。珊瑚红釉炽热火红的颜色，与灵芝造型及吉祥寓意相得益彰，营造出一幅洋溢着喜庆与吉祥的美好图景。

48

剔红工艺是雕漆艺术的一种形式，其制作过程复杂，先要在胎体上逐层髹漆，待漆层累积达到一定厚度后，以刀工雕刻出立体而生动的图案。

剔红花鸟图碗通体采用剔红工艺，以红漆雕刻出精美的花鸟图案，布局合理，疏密有致，色彩鲜艳，层次分明，展现出匠人娴熟的刀法与高超的工艺水平。

清嘉庆　剔红花鸟图碗

49

这件玻璃瓶的整体造型为优雅的八棱形，瓶身挺拔且线条柔美流畅，棱角清晰分明，瓶颈细长挺拔，腹部圆润饱满，形态比例恰到好处。瓶身光洁无瑕，未加任何纹饰，通体透明宛如纯净的水晶，散发出宝石般的蓝色光泽，深邃明亮，简约高雅，展现出无与伦比的艺术美感。

清雍正　蓝色透明玻璃八棱瓶

清乾隆　白套蓝玻璃缠枝菊纹三足樽式炉

50

这件炉的炉身为三足樽式，以白玻璃为胎，套半透明蓝色玻璃雕琢纹饰。上、中、下三道弦纹，将腹部一分为二，分别饰缠枝菊纹，枝叶相互缠绕，下层三朵盛开的菊花与三足相对应，造型端庄，线条流畅，白地蓝花色彩明快，分外素雅清新，令人赏心悦目。

51

松石绿釉创烧于清代雍正时期，其釉色青绿温润，与天然松石的色泽相近，故得名松石绿釉，散发着一种宁静而和谐的美感。松石在古代也被视为吉祥之物，常用于制作首饰、佩饰、镶嵌物等。

这件瓷瓶瓶身修长，线条流畅优美，通体施松石绿釉，釉色纯正无瑕，淡雅之中透露出一种温润如玉的质感。瓶腹釉面凸刻夔凤纹和牡丹纹，夔凤在牡丹花丛中翩然飞舞，体态舒展自如，姿态优美动人；牡丹花头丰满硕大，花瓣层层叠叠，枝叶疏朗有致，生机勃勃。夔凤为百鸟之首，象征高贵与祥瑞；牡丹为花中之王，象征富贵与繁荣。夔凤与牡丹结合寓意吉祥，更显瓷瓶高贵典雅，魅力独特。

清乾隆　松石绿釉凸刻夔凤牡丹纹梅瓶

清　绿色透明玻璃渣斗

52

渣斗即吐盂，是宫中生活用品之一。绿色透明玻璃渣斗晶莹剔透，色泽纯正，透明度高，经由模具吹制成型后，匠人在其表面巧手加工，呈现层叠交错、错落有致的棱面装饰效果。渣斗在光线的映照下，闪烁着迷人的光彩。这种装饰风格最早可追溯至公元 1—2 世纪的罗马时期，展现出独特的视觉效果与精湛的工艺水平。

53

这件高足杯内壁施白釉，外壁施乌金釉，质感光润透明，色泽深邃如漆，釉面光洁明亮，描金云龙纹，五爪金龙周围点缀着祥云，昂首阔步，张口嘶鸣，身姿矫健，仿佛在腾云驾雾，杯底座表面绘制海水波浪纹，寓意波涛汹涌的力量。莹亮的乌金釉与描金图案对比鲜明，动感十足，即便历经两三百年，依旧熠熠生辉。

清雍正　乌金釉描金云龙纹高足杯

清乾隆 各种釉彩大瓶

各种釉彩大瓶烧造于清乾隆时期，釉彩不仅种类繁多，而且工艺极为复杂，它巧妙地集各种高温釉和低温釉、彩技艺于一身，达到了令人惊叹的十五层之多，传世作品仅此一件，是独一无二的国家艺术品，被誉为“瓷母”，不仅代表了乾隆时期瓷器制作的高度，也象征着中国陶瓷史上一座巅峰。

各种釉彩大瓶的腹部装饰着霁蓝釉描金开光粉彩吉祥图案，共十二幅开光作品。其中，六幅为生动的写实图画，包括“三阳开泰”“吉庆有余”“丹凤朝阳”“太平有象”“仙山琼阁”“博古九鼎”；另外六幅分别为“卍”字、蝙蝠、如意、蟠螭、灵芝与花卉纹饰，分别寓意万、福、如意、辟邪、长寿与富贵。

三阳开泰

吉庆有余

丹凤朝阳

太平有象

仙山琼阁

博古九鼎

“卍”字

蝙蝠

如意

蟠螭

灵芝

花卉

清乾隆　白玻璃绕彩丝玻璃螺旋纹瓶

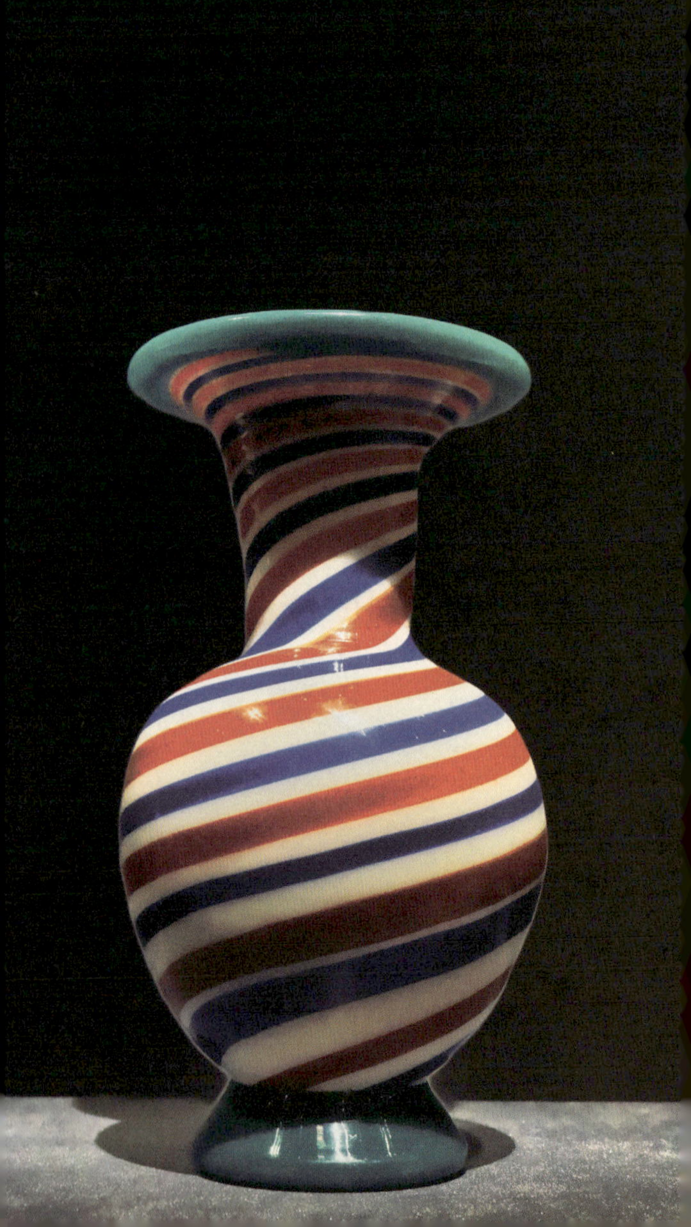

54

这件精美的玻璃瓶运用了乾隆年间玻璃绕丝技艺，先以白色的玻璃烧制成型，再将其他色彩的玻璃棒熔于旋转的玻璃胎体上，形成美丽的螺旋纹。瓶身以白色玻璃为胎，外壁以红色、蓝色玻璃熔液拉丝缠绕，交织成红色白色蓝色三色交相辉映的螺旋纹路，色彩绚丽明快，韵律感十足，堪称清代玻璃器中的瑰宝。

55

香橼是一种柑橘类果实，香橼盘是一种精致的文房雅器，为小型果盘状，用于盛放香橼或佛手等芳香果实，通过其自然清香为书斋增添雅致氛围，兼具实用功能与观赏性。

粉彩雕镶荷叶香橼盘为仿生瓷器，盘体呈翻卷的荷叶状，边缘贴塑莲蓬、茎梗、花苞等元素，莲蓬中的莲子可活动，以田螺、菱角形成支撑的足。整件作品模仿自然实物造型，通过粉彩渲染模拟荷叶的渐变色泽与纹理，生动逼真，自然灵动，展现出匠人高超的陶瓷制作技艺。

清乾隆　粉彩雕镶荷叶香橼盘

18 世纪　威尼斯
西洋彩色缠丝玻璃双耳盖瓶

56

该器物源自18世纪的威尼斯，运用了威尼斯缠丝玻璃技术，工艺精湛且繁复；造型设计优雅，瓶身修长，双耳对称，缠丝图案精致细腻，线条流畅自然；色彩运用巧妙娴熟，多种色彩交织，营造丰富的层次感与立体感，令人赏心悦目。它不仅展现了西方玻璃工艺的卓越技艺，也反映了东西方文明交流的历史特点。

57

玻璃胎画珐琅工艺以玻璃为胎体，通过画珐琅技术进行装饰，由于玻璃与珐琅的熔点接近，烧造技术复杂且难度极高，通过这种工艺制作的器物稀有珍贵。

这件长方盒来自 19 世纪的捷克，以西洋蓝色透明玻璃为胎，盒身绘有树莓纹，色彩鲜艳，细节丰富，展现了高超的画珐琅技艺。其表面经镀金处理，更显华贵精美，是清朝宫廷收藏的国外玻璃精品，见证了中西方文化交流的历史。

19 世纪　捷克

西洋蓝色透明玻璃胎镀金画珐琅树莓纹长方盒

吉物

故宫，是中国传统吉祥文化的集大成之地。

作为古代封建王朝的权力中枢，故宫处处彰显古人对国祚昌隆、万民安康、福泽绵长的祈盼与寄托。殿宇梁枋间的龙凤呈祥，器物纹饰上的福寿太平，各类陈设中的吉祥如意……这些匠心独运的设计，凝结了古人的智慧与祝福，传递着中华民族对美好生活生生不息的追寻。

叁

58

葫芦谐音“福禄”，自古以来就被赋予吉祥的寓意，它的形状与汉字“吉”相似，因此也被看作大吉大利的象征。金大吉葫芦挂屏是清朝宫廷的常见陈设品，通常以金累丝工艺制作古钱纹底，用青金、玛瑙、翡翠、松石等宝石镶嵌出各种吉祥图案与文字。

金大吉葫芦挂屏中间以青金石镶嵌出楷书“大吉”字样，大字周围为道教“暗八仙”吉祥图案，吉字周围为“佛八宝”吉祥图案，两侧为云纹形绶带，镶嵌蝙蝠、竹子、菊花等纹样，竹子与菊花代表儒家推崇的君子气节与品德。整件挂屏富丽堂皇，寓意吉祥，融合了儒、释、道三教文化精髓，其巧思妙想，令人赞叹。

清　金大吉葫芦挂屏

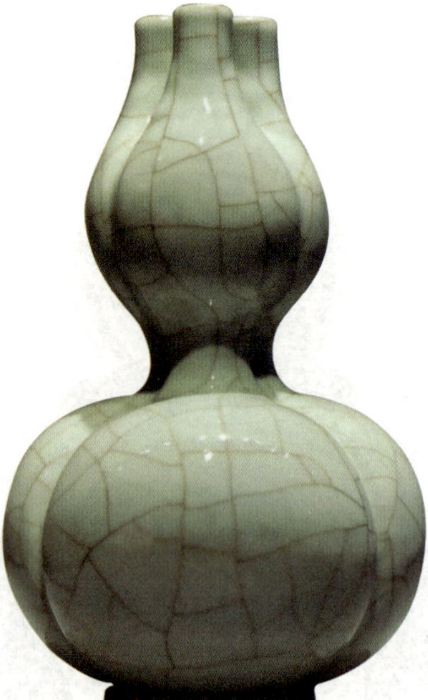

清嘉庆　仿汝釉三孔葫芦式瓶

59

葫芦形状对称、圆润饱满，在视觉上给人以和谐美感，浑身是宝，嫩叶可食，茎叶壳皆可入药，不仅象征着美好圆满、家族兴旺，还常常被古人视为健康长寿、护身辟邪的吉祥灵物。

这件葫芦形瓷器为三只紧紧相连的葫芦，仿烧汝窑釉，釉色温润如玉，呈现一种柔和而深邃的光泽。瓷器表面的开片纹纵横交错，错落有致，形成汝瓷“金丝铁线”的效果，是传统工艺与自然美学的完美结合，具有独特的艺术美感。

60

瓞象征子孙昌盛，常用于祝颂子孙昌盛不息、家族兴旺繁荣。

这件木盒模仿瓜果的自然形态，采用子母口设计，纽扣呈现为瓜蒂的形状，通体髹金漆，金光灿烂，华贵精美。其表面精细刻画了三只蝴蝶在丰收的瓜田间翩翩起舞的生动场景。“蝶”与“瓞”“耋”同音，蕴含繁衍不绝和健康长寿等吉祥寓意。瓜瓞与蝴蝶相映成趣，既有自然生机之美，也有子孙昌盛、福寿连绵的祈愿。

清　金漆瓜瓞纹瓜式盒

清　银镀金点翠嵌珍珠宝石福寿纹簪

61

此簪以佛手寓意“福寿”，中间的佛手采用银镀金累丝工艺精心打造，佛手下方镶嵌了一颗圆润的珍珠；两侧的佛手采用点翠工艺制作，各镶一块红宝石；下方为金累丝蝙蝠，中间镶嵌碧玺，两边镶嵌珍珠，金累丝工艺与点翠的鲜艳色彩交相辉映，珍珠宝石的点缀更添华贵，共同构成层次分明、立体感十足的装饰效果。

62

文昌本指天上星宿，是古代传说中的“文曲星”“文昌星”“文星”。文昌帝君又称“梓潼帝君”或“文曲星君”，是掌管科举文运、功名禄位的神仙。

这座德化窑白釉文昌帝君像悠然端坐在洞石之上，头戴官帽，身穿长袍，腹部微腆，尽显富态，右手自然下垂，左手置于腹前，神态庄重而威严，其身旁侍立的或许是朱衣星君，传说他独具慧眼，擅长辨别文章优劣高下。

清　德化窑白釉文昌像

清　青白玉魁星

63

魁星也称“奎星”，是传说中掌管科举考试的神仙。古人依据“魁”的字形，创造出了魁星的形象，其头部酷似鬼魅，一脚向后翘起，与“魁”字的大弯钩相仿。魁星手中握笔，象征点中考生；身上有量斗，代表“魁”字中间的“斗”字，寓意文运昌盛。

这件青白玉魁星右手握笔，左手托着银锭，衣服飘带雕饰一个量斗，一只脚站立在鳌鱼头顶，表示独占鳌头。鳌鱼是神话传说中能背起大山的巨鳌或大龟，也有文物中的鳌鱼为鱼身龙首形象。

64

“五子登科”的典故源自《宋史·窦仪传》，讲述的是五代后周时期燕山府的窦禹钧俭朴修身，以德行立世，教育子女有独到之处。他的五个儿子接连在科举考试中脱颖而出，成功登科进士，赢得了功名，成为流传千古的佳话。

“五子登科”的故事历经演变，逐渐成为各种器物上的吉祥纹饰与古人的祝颂之词，寄托古人对仕途前程的美好祈盼。这件笔洗以青白玉雕琢而成，五个童子憨态可掬，围绕在口沿之处，手中各持不同的花果枝叶，整体造型活泼灵动，惹人喜爱。

清　白玉镂雕五子登科洗

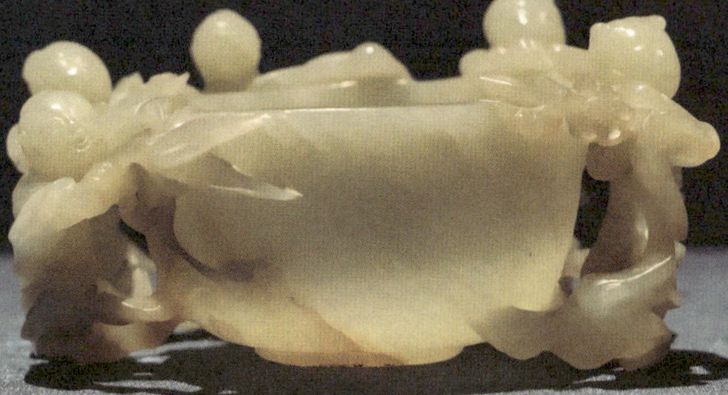

清　蜜蜡佛手

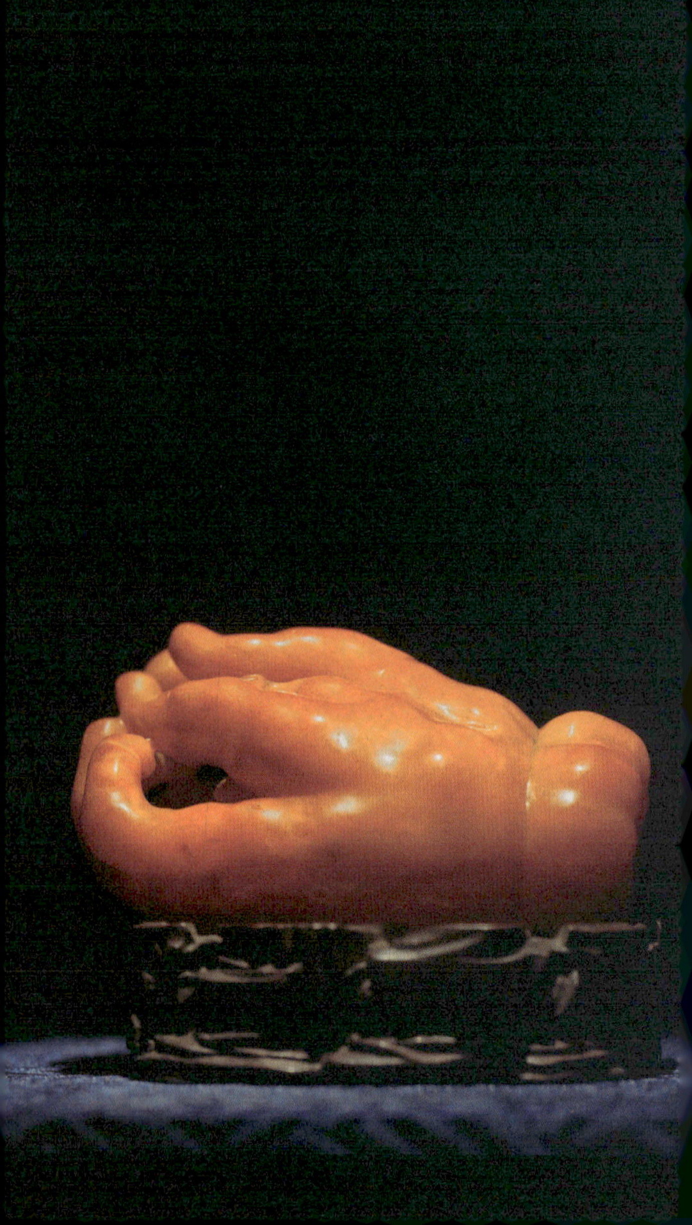

65

佛手，也叫佛手柑，初夏开花，冬季果实成熟，其上部裂开，形似手指，形态独特，气味清香，既适合作为观赏植物，也可加工成美味的蜜饯。因佛手谐音“福寿”，寓意吉祥，在清代宫廷中常作为冬季的陈设清供。

蜜蜡是一种珍贵的不透明或半透明状琥珀，主要成分为树脂，外观类似蜡烛，质感细腻、光泽柔和，但性脆易碎，雕刻难度极大，需要高超的技艺和强大的耐心。这件蜜蜡佛手色泽温润，仿生效果逼真，展现出独特的色泽和质感，是难得的珍品。

66

白玉螳螂蝠桃展现了精湛的“俏色”工艺，其源远流长的历史可追溯至商代。该技艺在多色玉料上巧妙地运用色彩差异，雕琢出令人叹为观止的玉器。

这件玉雕以白玉为基底，玉料中罕见的大片鲜艳绿色被巧妙利用。工匠在上半部分精心雕琢出振翅欲飞的蝙蝠形象，下半部分则将绿色玉料转化为栩栩如生的桃叶与桃枝。一只螳螂以单足稳立于桃枝之上，仿佛在全神贯注地凝视着某个目标。整件作品工艺精湛，自然和谐，生机盎然，堪称俏色玉雕中的杰作。

清　白玉螳螂蝠桃

清乾隆　白套红玻璃桃蝠瓶

67

这件玻璃瓶采用白套红玻璃技艺，质地上乘，晶莹剔透，图案丰富生动，桃树、蝙蝠、蜜蜂、蝴蝶、灵芝等吉祥元素以红色玻璃料制作，这些纹饰不仅美观，还蕴含着深厚的文化意义。桃树果实成熟期长、灵芝自古被视作仙草，象征健康长寿；蝙蝠的“蝠”与“福”谐音，代表福运绵长；蝴蝶的“蝶”与“耋”谐音，代表高寿；蜜蜂代表生活甜蜜。白套红玻璃桃蝠瓶富含吉祥的寓意，展现了古人的智慧与创造力。

68

玻璃果供是清代宫廷的佛堂用品之一，工匠采用套玻璃工艺制作，巧妙地将不同色彩的玻璃料塑造成石榴、葡萄、草莓、红果、桃子等形态各异的水果，仿生效果出众，色彩逼真至极，仿佛将真实的水果摆放在盘中。这件玻璃器造型精美，色彩丰富，工艺精湛，体现了清代宫廷工匠的非凡创意和高超技艺。

清　各色玻璃果供

清　太极殿木影壁纹饰

69

这组吉祥纹饰出自太极殿门内侧的木质影壁，以蝙蝠为核心元素，正反面各有一组。纹饰中心镶嵌着圆形的“万福万寿”字样，周围环绕着五只姿态各异的蝙蝠，象征长寿、健康、富贵、美德与善终，共同构成“五福捧寿”的吉祥寓意。白色祥云与彩色祥云环绕其间，云雾之中隐匿着众多小巧的蝙蝠，它们若隐若现，宛如在天际自由翱翔。纹饰的四个角落各有一只蝙蝠，意为“福从天降”与“福气临门”。这组纹饰“福”元素众多，既华丽吉祥又引人入胜。

70

清　金嵌珠九蝠挑头

金嵌珠九蝠挑头是一款用于装饰发髻的精美首饰，采用累丝、镶嵌及点翠等工艺制作，弧形的金质挑头串起九组镂空“寿”字与蝙蝠组合，象征“福寿双全”与“福寿连连”的吉祥寓意。每只蝙蝠腹部都镶嵌着硕大的珍珠，九组蝠“寿”字之间点缀着九朵精美的小莲花。这件挑头华贵的外观、鲜艳的色彩，以及生动的细节，充分展现了清代金银器工匠的高超技艺。

清　翠雕鹤鹿人物图山子

71

“鹿”与“禄”谐音，寓意仕途顺利、官运亨通。仙鹤在传统文化中象征高洁和长寿，松树以常青和坚韧著称，鹿与仙鹤、松树在一起，蕴含“鹤鹿同春”“松鹿延年”的美好寓意，表达人们对长寿幸福的祈愿。

翠雕鹤鹿人物图山子巧妙地利用玉石天然的翠绿、白色和玉皮黄色，以及色彩深浅变化，在双面随形雕刻图案。一面展现高山流水、亭榭石阶、松树山石的幽美山景，两名老者立于亭前交谈，身旁童子以锄挑花篮随侍；另一面雕刻飞鹤、双鹿、松石等纹饰。整件作品巧夺天工，色彩和谐，比例恰当，富有山水情趣，蕴含吉祥寓意，堪称玉山子中的佳作。

72

“海屋添筹”典故出自宋代文学家、书画家苏轼的《东坡志林·三老语》，讲述三位老人相互探询年龄，其中一位老人以海水变桑田为时间单位，每次变迁都投下一个算筹，数量已堆满十间屋子。后来，“海屋添筹”演变为祝福长寿的吉祥成语与纹饰图案。

这件檀香木圆盒的盒盖与盖壁以螺钿、玛瑙、蜜蜡、珊瑚等名贵材料制成“海屋添筹”吉祥图案，海浪与祥云交织，海屋若隐若现、露出重檐，一只仙鹤翩翩飞至。盖壁上八个精致的如意框内以螺钿镶嵌楷书“海屋添筹”与“万寿无疆”字样，盒内放置状元王杰所书的《十全庚福》册页。

清乾隆　檀香木百宝嵌海屋添筹圆盒

清乾隆　黄玉雕仙鹤捧桃寿星

73

寿星是中国传统文化中长寿之神的化身，被尊称为“南极老人福禄寿星君”，能赐予人们长寿与福气。寿星的形象通常是一位慈祥和蔼、长须飘逸的老翁，额头高耸，象征着智慧与长寿；手持拐杖，象征着引导与支持。寿星常携带仙桃或灵芝等象征吉祥与长寿的物品，在寿星的身旁，常有鹿、鹤等寓意吉祥长寿的瑞兽仙禽相伴。

该尊寿星采用黄玉精心雕琢而成，头部修长，额头宽阔，手中捧着一颗硕大的仙桃，身下一只仙鹤昂首挺立，回眸凝望，展现出超凡脱俗的仙风道骨之气。

74

唐代诗人白居易晚年退隐后，居住在洛阳香山，自号“香山居士”。唐会昌五年（845 年），他于私邸举办了一场文人雅集，邀请了胡杲、吉旼、郑据、刘真、卢贞、张浑等年逾古稀的文人墨客，共同宴饮赋诗。当年夏天，李元爽与僧人如满也参加聚会，合称“香山九老”。这些人均高寿，崇尚隐逸生活，享受着田园生活的宁静与乐趣。“九老图”遂成为后世绘画、文学及其他艺术形式中的经典题材，蕴含祝寿祈福的美好寓意。

这件座屏以天然木为边框和底座，整体以黑漆为底，镶嵌玉石作为装饰。屏心髹黑漆，镶嵌青金石、绿松石、玉石、玛瑙等宝石，组成松竹、山石、花草、人物图案，共同绘制出一幅“九老图”，生动地描绘了白居易与八位友人宴游观画的雅致场景，背面刻有两首乾隆皇帝御制诗。

清　天然木边座黑漆嵌玉石九老观画图座屏

清　木槎葫芦架玉石仙人景

75

葫芦，也称壶芦，春夏季开花，枝叶繁茂，果实籽粒众多。蔓带与“万代”谐音，象征多子多福、繁衍兴盛，子孙万代、繁茂吉祥。这件盆景的葫芦架挂满了由白玉、玛瑙等制作的“五彩葫芦”，色彩斑斓，宛若天成。

仙槎是仙人乘坐的渡水工具，蕴含祝寿之意。盆景中以树木根雕化作仙槎，青瓷呈现绿色波涛，青玉雕成如意，玛瑙琢就葫芦，并以白玉和青玉精雕仙人与童子形象，共同构成一幅色彩丰富、和谐华丽、寓意美好的场景。

76

灵芝在古代被誉为“仙草”，既象征吉祥与长寿，也是国泰民安、世事昌盛的吉兆。如意的头部常采用灵芝造型，在杂宝纹、群仙祝寿纹等传统纹样中，灵芝是不可或缺的吉祥元素。

这件玉山子采用质地细腻、色泽温润的青玉精雕细琢而成，其上山峦叠嶂，楼台仙阁错落有致，同时有仙人、灵芝等吉祥图案，象征长寿与福泽。

清乾隆　青玉仙山灵芝山子

清　紫漆描金缠枝莲纹皮胎多穆壶

77

奶茶是满族的传统饮品。在清宫生活中，奶茶不仅是日常不可或缺的饮品，更在各种庆典、筵宴及狩猎活动中频繁出现。奶茶的茶具颇为讲究，包括各式壶、碗等，其中，多穆壶富有民族特色，“多穆”为藏语音译，意即“奶茶壶”。清宫多穆壶材质多样，有木器、珐琅器、漆器、瓷器等。

这件多穆壶壶身优雅修长，壶顶呈僧帽状，壶嘴为曲线形；壶身采用优质皮胎制作，通体髹紫漆，并以金漆描绘出缠枝莲纹饰，色彩深邃而简约，展现出一种别致的美感。

78

在中国传统文化中，蝴蝶具有多重吉祥寓意，“蝴”与“福”谐音，象征福气连连；而“蝶”与“耋”同音（耄耋指八九十岁高龄），蕴含健康长寿之意。彩蝶双飞常被视作美好爱情的象征，双蝶也有喜相逢与子孙绵延的美好寓意。

白玉双蝶盒为优雅长方形，四角圆润，边缘巧妙地设计成花瓣状，子母口严丝合缝。盒面与底部均饰翩翩起舞的双蝶图案，蝶首相会处采用镂空工艺，蝴蝶展翅欲飞的姿态灵动飘逸，极为精美。盒沿阴刻“乾隆精玩”四字篆书款识，显示出其非凡的来历。

清乾隆　白玉双蝶盒

清　竹根雕和合二仙

79

和合二仙的原型为唐代隐逸于天台山林的两位诗僧寒山与拾得。相传二人志趣相投，形影不离，以吟诗唱偈、嬉笑怒骂为乐，在民间被尊称为“喜神”。后来，他们的形象逐渐演变为和合二仙，象征和睦同心、团聚和顺。

明清时期，和合二仙的形象常被描绘为两位面带微笑、蓬头垢面的和尚或仙翁，有时也被描绘为活泼的孩童。清雍正十一年（1733 年），皇帝册封寒山为“和圣”，拾得为“合圣”。此竹根雕中的和合二仙喜气洋洋，一位手持荷花，另一位手捧宝盒，与“和”“合”同音，寓意和谐与美满。

80

白玉衔竹枝双鸟以白玉雕刻而成，集圆雕、镂雕、浮雕等技法于一身。其主体造型为一对神态亲昵的鸟儿，口中共同衔着一截竹枝，尾部紧紧相依，彼此相连。竹子品性高洁、坚韧不拔，寓意生命的旺盛和长寿；双鸟成双成对，象征家庭和谐、夫妻恩爱。双鸟衔竹枝，以灵动优美的姿态，展现出幸福、和谐与吉祥的气息。

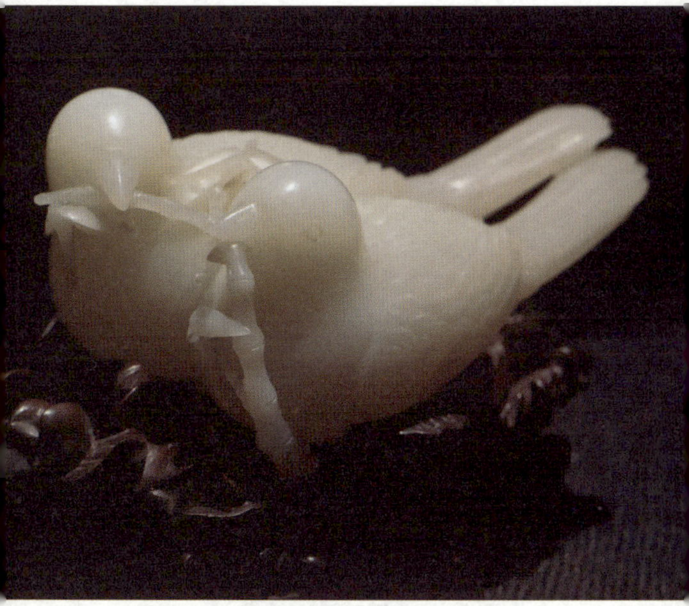

清　白玉衔竹枝双鸟

清　玛瑙巧雕卧莲鸳鸯

81

玛瑙巧雕卧莲鸳鸯工艺精湛，巧妙运用“俏色”技法，依据玛瑙天然的白色与褐色纹理，通过镂雕和圆雕工艺，将白色部分精雕成一对生动活泼的鸳鸯，将褐色部分化作数枝盛开的荷花。鸳鸯口含莲花，仿佛在水面上欢快嬉戏，呈现一幅热闹喜庆的景象。玉器下方配有造型优雅的荷叶形红木底座，自然木纹与双色玛瑙相得益彰，和谐高雅。

清　孔雀石盘

82

孔雀石富含铜元素，呈现绚丽的翠绿色泽，并伴有同心圆的纹理，其外观酷似孔雀尾羽，因而得名。这种宝石极为珍贵，质量上佳者常被加工成精美的工艺雕刻品及项链等装饰品。孔雀石粉末也可作为颜料使用，古代称为“石绿”。

该盘采用绿色孔雀石雕琢而成，造型犹如优雅的荷叶，巧妙地模拟了荷叶自然舒展的姿态。盘面运用阴刻与浅浮雕技艺，细腻地刻画出叶脉纹理，质地均匀致密，色泽鲜艳。底座采用红木透雕工艺，雕刻出荷花枝的形态，与孔雀石盘的浅绿色调形成鲜明对比，富有层次感，整体工艺精湛，天然美感十足。

瑞兽

故宫内，仙禽瑞兽跃然万象之中。宫殿楼阁上龙翔凤舞，是古代皇权天授、威加四海的象征；宫苑檐角间异兽蹲踞，是古人驱邪纳福、守护宫闱的灵祇。

无论是威猛的铜狮、高洁的仙鹤，还是寓意吉祥的麒麟、甪端……都承载着古人对天地神灵的敬畏与对祥和盛世的期盼。这些瑞兽形象，或铸或雕，或琢或绘，遍布于宫殿的每个角落与文物之上，它们不仅是精美的艺术品，更是深植于中华文化血脉中的精神图腾与祥瑞密码。

肆

83

龙是中华民族的图腾与象征，它集鹿角、马头、牛耳、蛇身、鹰爪、鱼鳞等众多动物形象特征于一身，能腾云驾雾、呼风唤雨，神通广大，寓意吉祥与美好。历经漫长岁月的洗礼与演化，龙的形象从简约质朴逐渐走向繁复华丽，成为中国传统文化中不可或缺的重要元素与载体。

这件玉龙来自新石器时代红山文化，是远古时期人们创造的龙形象，整体像一张被拉满的弓，长眼呈梭形，吻部长而前凸，颈部有飘逸的鬃毛，尾部弯曲，回环迎向龙首，也像一个反向的英文字母“C”，既神秘又抽象。玉龙身上有孔，可能用于穿戴或悬挂，推测玉龙是新石器时代巫师用来沟通天地神灵的法器。

新石器时代红山文化　玉龙

新石器时代红山文化　玉玦形龙

84

玉玦在中国古代玉器中具有独特的地位，其形若圆环，器身留一缺口，最初为敬神祭天的尊贵礼器，后演化成精美耳饰或雅致佩饰。

玉玦形龙是新石器时代红山文化的代表性玉器，身体蜷曲如灵动之兽，首尾相接处有缺口，头部宽阔，以简约线条刻画眼、耳、鼻、嘴，形态既似憨态可掬之猪，又若雄浑威猛之熊，也有专家称为“玉猪龙”。

85

新石器时代凌家滩文化　玉版玉龟

古人将龟视作灵瑞之物，流传着“元龟衔符”与“大龟负图”的神话传说。黄帝在与蚩尤激战之际，有神龟口衔符书自水中浮现；尧帝与群臣莅临翠微之渊时，也有神龟背负河图恭敬献上，这些奇景皆被视为吉祥之兆。

这组来自4500多年前的神秘组合，出自新石器时代凌家滩文化遗址，出土时一对玉龟甲夹着一块刻着八角星纹的玉版。乌龟由背甲和腹甲组成，背甲有八孔，腹甲有五孔；长方形玉版中心有一个圆圈，圆圈内雕刻方心八角星纹，圆圈外为大椭圆形，两圆由直线均分为8份，刻有圭形纹饰，外侧有4个圭形纹饰指向四角。玉版短边各有五孔，两长边分别有九孔、四孔。这可能是一套史前占卜工具，设计巧妙，引人遐想，与传说故事不谋而合、相互印证，令人叹为观止。

86

辟邪，是中国古代传说中驱邪镇恶的神兽，其原型为来自西亚、北非的狮子，融合中国传统翼兽形象而成，它凶猛勇健，寓意吉祥，具有护卫安宁、驱邪除秽的功能。

这件辟邪由白玉雕刻而成，线条遒劲流畅，局部泛红褐色或黄色晕斑，头部为狮首形象，微微上昂，双目圆睁，张口露齿，头顶双角左右分开，双肩有对翼向身后延伸，身体匍匐，尾部下卷，造型简约古朴，神态威猛。

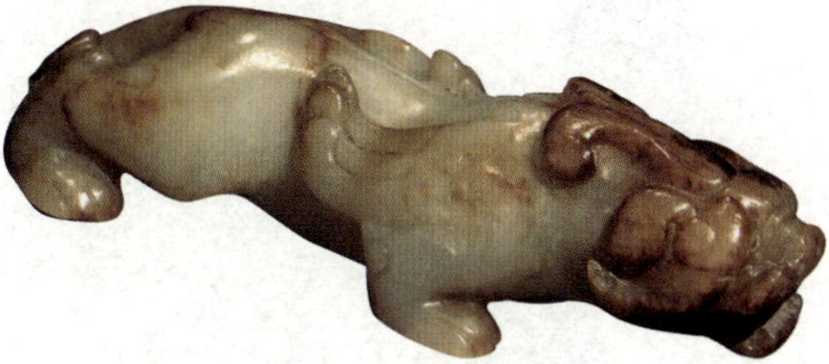

汉　白玉辟邪

汉　铜鸠杖首

87

古人认为鸠鸟进食时不会被噎到，称为“不噎之鸟”，《周礼·罗氏》中有“中春·罗春鸟，献鸠以养国老”的词句，说明鸠在当时已被视为长寿健康的象征。先秦时期朝廷已有向高龄长者颁发鸠杖的传统，其设计通常是一根长手杖，杖顶饰有鸠鸟的雕像或图案。

汉宣帝时朝廷确立“高年授王杖”的政策，向年满七十岁的长者授予鸠杖，持杖者享有免除劳役赋税、定期赐粮酒肉、出入官府无须趋礼等特权，是皇帝赐予老人的优待与保护凭证。这件汉代铜鸠杖首上的铜鸠呈伏卧姿态，昂首挺胸，尾巴高翘，显得格外神气，是古代尊老敬老传统美德的见证。

汉　四神博局纹铜镜

88

古代“四神”指青龙、白虎、朱雀、玄武。该铜镜中的四神分布在四个象限，分别象征东、南、西、北四个方位和春、夏、秋、冬四个季节，以四神为中心，环绕复杂几何图形，称为“博局纹”。四神博局纹铜镜图案常呈现方形或圆形，讲究对称与平衡美感。

四神博局纹铜镜在汉代非常流行，其上有云气纹、三角纹等元素，以及鸟兽、花草等纹样，往往镌刻有吉祥文字铭文，工艺精湛，纹饰精美，不仅展示了当时匠人的高超技艺，也体现了古代阴阳五行文化及古人对星象宇宙的认知。

89

錞于是古代的一种青铜打击乐器，其名称最早出自《周礼》“以金錞和鼓”，造型上宽下窄，顶部的纽大多为老虎造型，故得名“虎纽錞于”。錞于大约出现在春秋时期，盛行于战国至汉代，湖南、湖北、四川、贵州等地区多有出土，是古代巴族青铜礼乐器的典型代表之一。錞于通常用于战争或祭祀场合，和铜鼓相和使用，悬挂在横梁之上，以击打的方式进行演奏。

春秋　虎纽錞于

这件虎纽錞于的造型酷似宽肩深腹的陶罐，顶部呈平底盘状，中央的纽饰为一只立虎形象。虎头高昂，双目圆睁，口齿怒张，昂首阔步，尾巴翘起，末端卷曲，虎身上雕刻的鱼纹等吉祥符号，既威严又生动。

战国　辟大夫虎符

90

虎符是古代君王用来授予兵权与调遣军队的信物，其右半部分由君王保管，左半部分则交给统兵将领。当君王需要调动军队时，派人拿着一半虎符传达命令，虎符左右两部分成功合二为一、验证无误后，将领便要执行相应的命令。

辟大夫虎符是战国时期齐国的虎符，符身铭刻了11个字的铭文，大意是由齐国都城填丘（齐国首都临淄）颁发给塿緐（地名，可能在今山东省胶县境内），作为驻地辟大夫发兵用的信物。

91

龙凤纹饰在中国传统文化中具有十分美好的寓意，龙象征权威力量，凤象征吉祥美好，祥龙瑞凤常作为皇家与贵族的纹样装饰于各类器物之上。

这块玉璧的璧孔内镂雕螭龙，昂首阔步，充满动感和力量。玉璧两侧各镂雕一凤，凤尾伸展下垂，如云似花，立体生动。玉璧身两面各有六圈勾云纹。整器华贵精美，雕工精湛，纹饰简约而不失浑厚，堪称玉璧中的珍品。

战国晚期至西汉早期　白玉透雕龙凤纹璧

西晋　青釉戳印圆圈纹人骑辟邪形烛台

92

这件烛台为青釉瓷器，釉色温润，通体戳印圆圈纹，造型为人物和辟邪的巧妙组合，或有袚除不祥、辟御妖邪的寓意。辟邪伏卧昂首，龇牙咧嘴，姿态威猛神秘；人物头戴高帽，满脸络腮胡，骑坐在辟邪之上，眼睛注视前方。整座烛台造型独特，刻画入微，精细别致，是西晋青瓷中的精品之作。

唐　邢窑白釉褐彩子母狮像

93

这是一对唐代邢窑烧制的子母狮像，通体施白釉，而母狮与幼狮的眼睛，以及母狮的腿部，则巧妙地点缀褐色釉彩，姿态生动。白釉母狮蹲踞在褐色的方台之上，侧首眺望远方，双目凸出，狮口微张。母狮前腿之间，一只乖巧幼狮静静趴卧。整体造型生动，风格古朴，是唐代邢窑瓷器的精品佳作。

唐　三彩骆驼

94

骆驼素有“沙漠之舟”的美称，具备在沙漠中生存的独特能力。汉代开辟的丝绸之路，成为中国与世界沟通的桥梁。骆驼不仅作为商旅的坐骑，还扮演着运输商品物资的重要角色。

“唐三彩”是一种盛行于唐代的色釉陶器，以黄色、绿色、白色为主色，故得此名。这件三彩骆驼体形高大，引颈张口，神情生动，釉色明亮，工艺精湛，是唐三彩雕塑的佳作。

95

凤冠为明朝皇后最高级别的礼服帽。饰有龙纹与凤纹的凤冠，只有皇后才有资格佩戴，象征母仪天下的至高地位。皇后在接受册命、拜谒宗庙、祭祀祖先等庄严场合，都会戴上凤冠。

点翠嵌珠石金龙凤冠 1958 年出土于北京市昌平区定陵，其主人为明光宗朱常洛生母王恭妃，她的孙子明熹宗登基后追封她为皇后。这顶凤冠工艺极为精湛，融点翠与金累丝等复杂工艺为一体，装饰有 5000 多颗珍珠和逾百块红蓝宝石。凤冠上镶嵌着 18 朵由珍珠、宝石制作的梅花，周围环绕着如意祥云，其上有金龙三条、翠蓝色飞凤一对，因此也称“三龙二凤冠”。

明万历　点翠嵌珠石金龙凤冠

明　青玉黑斑卧凤砚滴

96

砚滴也称水注，是一种文房用具，大约出现于东晋时期，其主要用途是储存和滴注砚水，通过滴注的方式将砚水从砚滴中缓慢注入砚台，以供研墨之用。明代宫廷文房用具中，鸳鸯、凤鸟造型砚滴尤为流行，深受皇室贵族和文人雅士的青睐。

这件青玉黑斑卧凤砚滴，以青玉为材，巧妙运用圆雕技艺塑造出凤鸟形象，通过阴刻手法精细刻画凤羽。凤鸟静卧于木质底座之上，高昂的凤首、收拢的双翅、下垂的尾羽，呈现优雅的姿态。凤鸟背部设一注水口，腹部中空储水，既具备实用功能，又不失为一件赏心悦目的艺术品。

明成化　青花麒麟祥云纹盘

97

青花麒麟祥云纹盘为明成化时期的御窑烧造，盘面与内壁均绘有精美的青花图案。盘底绘双圈弦线，内有两只欢腾跃动的麒麟，伴祥云嬉戏；盘外壁环绕着六只麒麟与祥云的图案，麒麟首尾相接、生动活泼。成化时期的青花瓷器，采用国产的平等青料，釉色淡雅而明亮，呈现亮丽明快的视觉效果。

该瓷盘胎釉质地细腻，釉面光滑，造型优雅，撇口、弧壁、圈足等典雅秀丽，绘画手法流畅自然。盘底为无釉露胎砂底，黄褐色中点缀黑斑，如同烧煳饭时的锅底，俗称“煳米底”，是成化青花大器的典型特征。

98

清代皇后的礼帽称“朝冠”，其设计虽与历史上的凤冠有所区别，但承袭了凤冠的核心元素——凤凰形象。这件皇后冬朝冠采用貂皮制作，工艺精湛，冠顶三只金累丝凤层叠而立，其间以三颗东珠巧妙衔接。每只飞凤身上都镶嵌三颗东珠，冠尖镶嵌一颗硕大的东珠。

朝冠朱纬缀有七只精美的金累丝凤，每只凤鸟都镶嵌一颗猫睛石与九颗东珠，凤尾以珍珠点缀。朝冠后部一只金翟鸟赫然在目，同样镶嵌猫睛石与珍珠。金翟鸟尾部垂挂的珍珠，以横两排竖五列形式排列，称为“五行二就”，这是清代后妃朝冠形制中的最高等级，仅皇太后与皇后方有资格佩戴。

清　貂皮嵌珠皇后冬朝冠

清　金累丝嵌珍珠宝石九凤钿口

99

清代贵族妇女的吉服常与一种名为“钿子”的满族特色便帽相搭配。钿子的制作工艺复杂，通常以藤丝编织成帽架，或以黑绒、缎条制成内胎并缠绕银、铁、铜等金属丝线形成帽子结构。

钿子口沿处叫作“钿口”，装饰各类吉祥纹饰，其中，最尊贵的莫过于凤纹，其形式多样，有九凤、七凤、五凤等，依身份等级相应佩戴。其中，九凤钿口等级最高，唯有尊贵的皇太后与皇后才能使用，以彰显崇高地位。

100

清　储秀宫槅扇凤纹面叶

储秀宫为紫禁城内廷西六宫之一，是明清时期妃嫔的居住之地。慈禧入宫之后长期在此居住，并生下同治皇帝。光绪十年（1884 年），为庆祝慈禧太后五十寿辰，清廷耗费白银 63 万两对储秀宫进行大规模整修，并将其与翊坤宫打通，形成相通的四进院落。这一工程不仅极尽奢华，更彰显了慈禧太后在清廷中的至高权势。

槅扇也称格门，是紫禁城广泛采用的建筑构件，兼具窗、门与隔断多重功能。面叶是隔扇边梃看面四角的加固构件，储秀宫槅扇凤纹面叶，以凤鸟的舒展飘逸之态，展现了精湛的工艺与凤鸟高雅的气质，其雕饰之精美令人赞叹。

101

脊兽是古代建筑物屋顶装饰的一部分，通常位于宫殿、庙宇等重要建筑的屋脊之上，其形象多为神话传说中的神兽，象征避邪、镇宅、吉祥如意，古人相信其能驱除不祥之气，带来好运平安。

故宫建筑物上的脊兽数量通常为奇数，如三、五、七、九等。但太和殿的脊兽共有十个，这在中国古代建筑中是独一无二的，分别为龙、凤、狮子、天马、海马、押鱼、狻猊、獬豸、斗牛和行什。这些神兽各有其象征意义，如龙象征着帝王的权威，凤代表着吉祥高贵，狮子则象征着力量和威严等。

一龙二凤三狮子，
天马海马六狎鱼，
狻猊獬豸九斗牛，
最后行什像个猴。

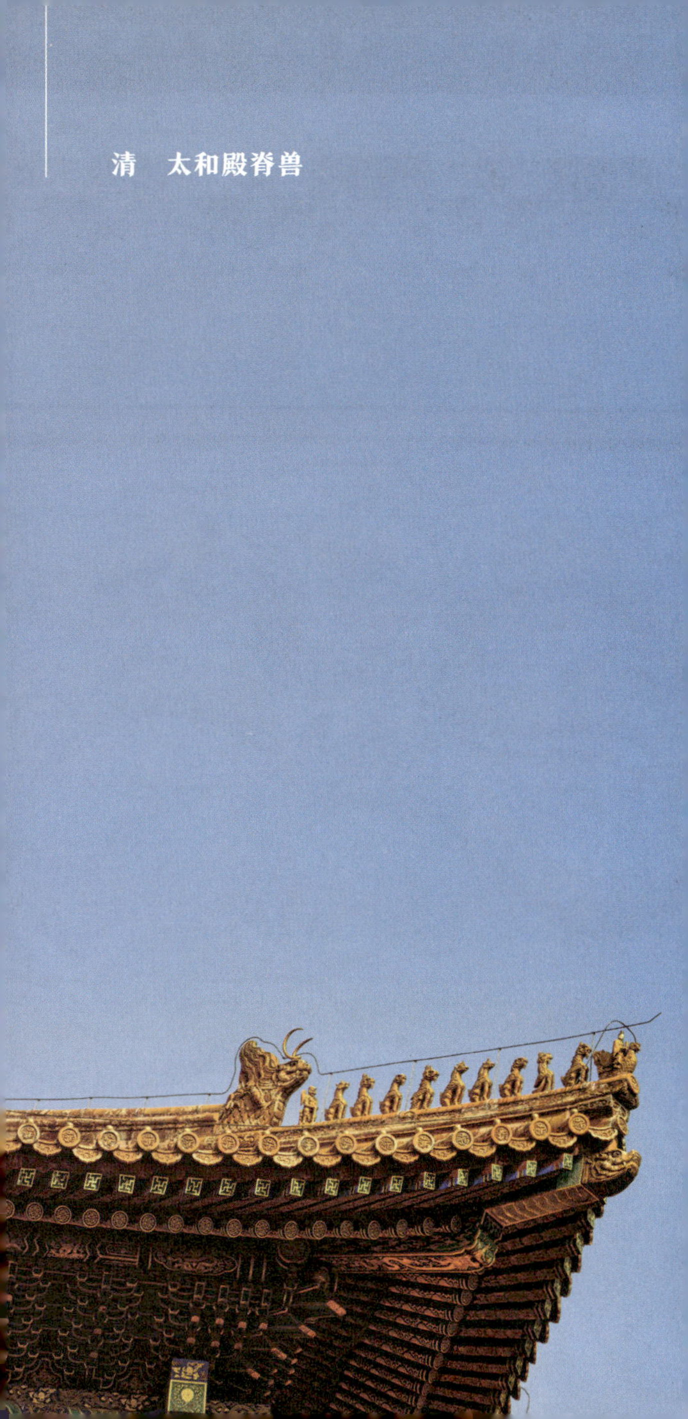

清　太和殿脊兽

清乾隆　九龙壁（局部）

102

宁寿宫皇极门外的九龙壁，作为与山西大同九龙壁、北京北海公园九龙壁齐名的“中国三大九龙壁”之一，是一面以琉璃为材质的影壁。其背景采用海水图案，通过高浮雕技艺刻画游龙、海浪、山石及浮云等元素，营造水天一色、雄伟壮观的视觉效果。壁面上共雕饰有九条形态各异的龙，它们张牙舞爪、活灵活现。

这条龙位于九龙壁正中位置，由明黄色琉璃瓦心塑造而成，既是一条黄色的正龙，也是唯一一条面向前方的龙，无论是从左侧数还是右侧数，它均位居第五，象征着“九五之尊”的崇高地位。龙的前爪呈环抱姿态，后爪似在劈波斩浪，蜿蜒的龙身环绕火焰宝珠，宝珠悬于龙首下方，整体造型威严尊贵，尽显无与伦比的气势。

103

太和殿前的月台上左右分别陈列着一只铸造精美的铜龟与铜鹤。铜龟龙首龟身、身披鳞甲，铜鹤姿态优雅；龟甲、四肢、脚爪及鹤羽的刻画均十分细致。它们实为皇家香炉，在太和殿举行重大典礼活动时，人们会开启龟背与鹤身的活盖，放入檀香、松柏籽等香料。引燃后，香烟袅袅升起，既显神秘，又添威严。

清　太和殿铜龟

清　太和殿铜鹤

104

在中国传统文化中，龟和鹤都是长寿的象征。龟为龙的九子之一，象征富贵、长寿和权威。鹤则被视为仙禽，象征着高贵、吉祥和长寿。两者结合，寓意龟鹤齐龄、龟鹤延年。太和殿前的铜龟和铜鹤，象征着江山永固和繁荣昌盛。

105

铜鎏金仙鹤驮亭式表是 18 世纪英国制造的精美钟表，出自伦敦著名钟表匠詹姆斯·考克斯（James Cox）之手，这是他专为中国市场制作的钟表，清乾隆时期传入中国。

钟表以仙鹤为造型，口中衔着象征长寿与祥瑞的灵芝，优雅地立于红丝绒木座之上。仙鹤背上驮着两层仙阁，中间嵌有圆形小表。仙鹤腹中安装音乐机械装置，启动时可演奏四首优美的乐曲。钟表设计巧妙地融合了中国传统文化元素和西方钟表工艺，兼具艺术价值与实用功能，是不可多得的精美杰作。

18 世纪　英国　铜鎏金仙鹤驮亭式表

清乾隆　银虎纽“左翼前锋统领”印
“右翼前锋统领”印

106

虎作为百兽之王，象征勇猛、威武和权威。清代虎纽官印主要使用者为高级武官，如将军、都司等。《大清会典》规定“将军印用虎纽”，一些边政大臣官印也为虎纽。帝后、太后，太子、亲王等印玺材质为金或玉；一品至九品官员官印材质为银或铜。

清代前锋营是由八旗兵中精锐力量组成的军队，肩负保卫皇宫与皇帝安全的重任，在皇帝出行时担任前卫宿卫。“左翼前锋统领”“右翼前锋统领”为前锋营长官，官职为正二品，通常由王公、大臣兼任，其官印为银虎纽，身上刻划虎纹，篆刻满汉阳文印文。

107

狮子被古人视为力量和吉祥的化身，赋予镇守门户、驱邪纳祥等功能，逐渐成为守门象征，广泛用于宫殿、寺庙、府邸、陵墓等重要建筑的大门两侧。

太和门、乾清门、宁寿门、养性门、养心门、存性门和长春宫正殿等建筑前，均成对陈列铜狮。其中，太和门前的这对铜狮体型最大，也是唯一没有采用鎏金工艺的。这对铜狮造型独特，狮目炯炯有神，狮耳挺拔直立，狮身强健有力，张开的大口中露出锋利的牙齿，其威猛形象与宏伟的太和门协调相称，展现出雄浑气势，彰显出皇家威严与权力。

清　太和门铜狮

108

珊瑚产自海中，质地细腻柔韧，色泽鲜艳，采集困难、产量稀少，制作工艺复杂，价值堪比黄金，自古被视为富贵吉祥之物。其中，红珊瑚被称为“千年灵物”，清代官员帽顶和朝珠中常见红珊瑚制品，是地位和权力的象征。

这件珊瑚狮子是故宫博物院珍藏中较为少见的立体珊瑚作品，由红珊瑚雕刻拼接而成，整体为喜庆的红色。珊瑚狮子张牙舞爪、憨态可掬、动感十足，十分惹人喜爱。狮子尾巴保留了珊瑚枝的自然形态，浑然天成，构思巧妙，技艺精湛。

清乾隆　珊瑚狮子

清　紫色透明玻璃狮纽方章料

109

印章在中国传统文化中具有重要的地位，不仅可作为信证凭证，还蕴含了丰富的艺术价值与文化价值，其材质主要有金属、玉石、竹木等，玻璃印章较为稀少，最早见于战国时期。

狮子在中国文化中象征着权威和吉祥，常被用于印章、雕塑等艺术品中。此件印章料为紫色透明玻璃，质地纯净，透明度高，顶面饰有狮纽，狮子造型生动传神，雕刻技艺高超。

110

獬豸是中国古代传说中的神兽，它能明辨是非曲直、忠奸善恶，被视为公正执法的化身，是法律公正和权威的象征。古代司法官员佩戴獬豸冠。明清时期监察官员服饰上绣有獬豸图案，以彰显公正廉明。

故宫博物院御花园天一门前有一对铜鎏金神兽，据说是獬豸形象，其头部为龙头造型，全身覆盖鳞甲，怒目圆睁，张口咆哮，独角分叉，嘴角两边有长长的虬须，身形矫健，利爪如钩，散发出令人敬畏的威严感。

清　铜鎏金獬豸

111

传说孔子出生的前一天，一只麒麟现身曲阜阙里，口吐玉书，书上刻有“水精之子，系衰周而素王”字样，预示孔子将为圣人。“麟吐玉书”是古人眼中的祥瑞之兆，象征着杰出的人降生、文化昌盛。

这件玉麒麟采用青玉精心雕琢，运用立体圆雕、凸雕、透雕、深雕、阴刻等多种工艺琢制而成，麒麟呈匍匐姿态，回首凝视，口中吐出吉祥云气，与缚书紧密相连，其神态生动，极富艺术情趣。

清　青玉麒麟吐书

清　鎏金铜麒麟

112

麒麟是中国古代传说中的灵兽，雄性为麒，雌性为麟。其身似鹿，头生角，蹄如牛，尾如马，全身覆盖鳞甲。麒麟角上有肉，有武而不用；行走时不践生虫，不折生草，被古人视为仁兽，德行仁慈宽厚，是吉祥长寿的象征，与龙、凤、龟并称为“四灵”。

故宫博物院慈宁宫门前有一对精美鎏金铜麒麟，龙首兽身，蹲坐在须弥座上，双目炯炯有神，毛发上耸，尾部如火焰状，线条流畅，形态生动，仿佛蕴含着无穷的力量与智慧，守护着吉祥与安康。麒麟通体鎏金，在阳光映照下仿佛镀上金光，光彩夺目。

113

角端，也称角，是中国古代传说中神秘的瑞兽，身如狮、背如龙、爪如熊、鳞如鱼、尾如牛，额头上长着像犀牛角一样的独角。传说角端好生恶杀，日行一万八千里，通晓四夷语言，能了解遥远地方发生的事情，圣明君主在位时就会出现。

紫禁城太和殿、乾清宫等宫殿中陈设有角端，寓意君主倾听天下各种声音，希望八方归顺，四海来朝。

清　掐丝珐琅甪端香熏

114

鸠杖作为一种尊老敬老的象征，其优良传统从汉代一直延续到清代。乾隆皇帝对鸠杖制度尤为推崇，曾下旨大量制作玉质鸠杖，材质包括白玉、碧玉等多种珍贵玉料。这件鸠杖以圆角方形的方竹作为杖身，杖首以黄玉雕琢成鸠鸟形象，黄玉略微有些磨损，鸠鸟双目炯炯有神、喙部紧闭、双翅收拢、尾部优雅倒卷，雕工细腻传神，透出灵动之美。

清乾隆　方竹镶玉鸠首杖

清乾隆　红白玛瑙巧做双鱼龙花插

115

“鱼跃龙门”典故源自古代神话传说，最早记载于《辛氏三秦记》，讲述了黄河鲤鱼每年春季奋力逆流而上，跃过龙门后化身为龙的神奇历程。唐宋时期这一传说广为流传，常被用来比喻科举考试金榜题名、仕途升迁、事业有成等美好愿景。

该花插是崇庆皇太后六十大寿时的寿礼，工匠巧妙地运用红白双色玛瑙材质，精雕细琢成双鱼造型。红白双鱼紧密相依，身披羽翼，昂首张口，呈现跃动向上的姿态。鱼腹巧妙设计为空心，鱼尾紧密相连，形成稳固的器足。鱼身两侧精细雕琢出灵芝图案，鱼口雕刻着象征鱼龙神话的火珠，红鱼尾部内侧有阴刻横行四字篆书款“乾隆年制”。花插底座采用紫檀红木精心雕刻出波涛汹涌的海浪纹饰，浪尖上点缀着两只小巧的水螺。波浪纹饰与双鱼相得益彰，宛如即将跃过龙门的锦鲤，生动传神，富有活力。

116

该带扣作为束腰皮带的装饰性组件，其起源可追溯至春秋战国时期，由北方的少数民族传入中原。带扣中央雕刻着一匹四蹄腾空、昂首嘶鸣的天马，其肩部的翅膀向后展开，宛若在空中翱翔，展现出优雅的姿态与飘逸的神韵。

天马，原指中亚地区大宛国的珍稀马种，以卓越的耐力与速度著称。其出汗时肩部会显现如血般殷红的色泽，得名“汗血宝马”。汉武帝对这种良马极为垂青，赞誉为“天马”，并亲自作歌赋颂扬。在古代器物中，天马形象常被描绘为肩生双翼，宛如自天而降的神兽。

北朝　天马纹青铜带扣

雅趣

故宫宫墙深几许，雅趣亦盎然。

古代文人雅士以器寄情，这种传统即使在宫阙深处，也有诠释。故宫博物院不仅有江山社稷之重器，更有风雅逸趣之珍赏。从琴棋书画到笔墨纸砚，由纸上丹青、玉瓷文玩乃至西洋钟表奇器，方寸之间尽显匠人巧思，细微之处尤见宫廷雅韵，都蕴藏着宫廷生活的情致意趣。

伍

唐　飞泉琴

古琴，亦称“七弦琴”，是一种源远流长的弹拨乐器，拥有约三千年的历史。其选材与制作工艺皆十分考究，通常采用桐木精心制作，琴声悠扬深邃，蕴含了古人对宇宙自然的深刻观察与感悟。

飞泉琴是晚唐时期西蜀雷氏家族作品，该家族以斫琴技艺精湛著称，享有“金石之声”的美誉。这张连珠式古琴，琴身采用梓木与桐木制作，音色清润空灵，被誉为琴中“鸿宝”；琴背铭刻草书“飞泉”二字及篆文“贞观二年”双边印文，琴腹刻有“玉振”“金言学士卢赞”等字样，是古琴珍品之一，对后人研究唐代音乐文化具有重要意义。

117

118

瓷枕最早出现于隋代，设计独特，前低后高，无论是仰卧还是侧躺，都能为头部和颈椎提供有效的支撑。其温润清凉的瓷器质地，不仅具有散热的效果，还因其独特的触感让古人称赞“清凉沁肤，爽身安神”，相信它能明目安神。

这款孩儿枕是北宋定窑传世名器，施白釉，釉色白中泛黄，造型独特。一个胖乎乎的小男孩悠然地趴在椭圆形床榻之上，小手交叉环抱，一手还紧握着绣球，脑袋枕在手臂上，双脚微微上翘，背部自然弯曲，形成一个巧妙的枕面。

北宋　定窑白釉孩儿枕

119

辽国是契丹人建立的政权，其君主保留着游牧民族住帐篷游猎的传统，“春水秋山，冬夏捺钵”，合称“四时捺钵”。“捺钵”是契丹语的译音，意思是行宫、行营、行帐。女真人继辽而起建立的金国也延续了捺钵的传统，但大多在春秋季节举行。“春水”“秋山”是辽金时期贵族玉器的常见题材，多展现皇室贵族春秋季狩猎的场景。

“春水”玉器主要以海东青、天鹅等为题材。这块玉佩精妙地刻画了一幅海东青攻击天鹅的生动场景，体型较小的海东青以锐利的爪子紧锁天鹅颈部，并以尖锐的喙部直击天鹅眼睛。海东青身下垂有丝带，说明它可能是皇家饲养的猎鹰，场面充满张力。

金　白玉镂雕『春水』图佩

金　白玉镂雕『秋山』图佩

120

白玉镂雕“秋山”图佩，展现了金代工匠的精湛技艺。“秋山”玉器以山林和鹿虎等动物为主要题材。这块玉佩巧妙地将黄色玉质雕琢成秋日山林，而以白玉精雕细琢出两只鹿的形象。其中，一只鹿回首顾盼，另一只鹿则凝视前方，它们的姿态仿佛在进行一场生动的对话。

121

造云石为灵璧石，形态宛若飘逸的白云，表面刻有元、明两代多位名家的八处题词，其中有元代书法家杨维祯题写的“造云”二字，因而得名。此石是故宫博物院年代最早的观赏石之一，不仅是艺术瑰宝，更是历史见证。

“造云”石刻记述了元至正十年（1350年）秋天，文人墨客在玉山雅集赏石的盛况。玉山雅集是元代苏州昆山顾瑛在其玉山草堂发起和组织的文人雅集活动，前后持续了三十多年，与东晋的兰亭雅集、北宋的西园雅集并称中国文化史上的“三大雅集”。

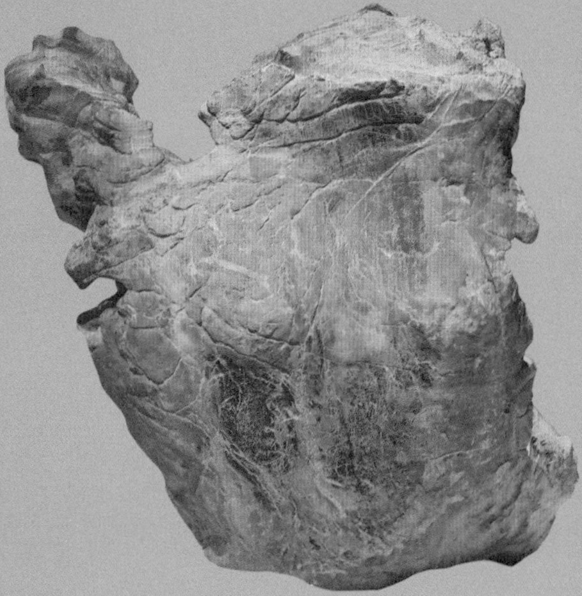

元　造云石

122

《陋室铭》是唐代诗人刘禹锡的骈文佳作，生动描绘了简陋居所及其朴素生活，语言精练，意境深远，表达了作者安贫乐道的生活态度，凸显出其高洁气质和隐逸情趣。

文徵明是明代书画家、文学家，被誉为“诗、文、书、画”四绝全才，与沈周、唐寅、仇英并称“明四家”。这幅作品书写于他八十四岁高龄之时，笔法老辣，炉火纯青，笔力苍劲而圆润温婉，充分展现了其行书艺术的独特魅力。

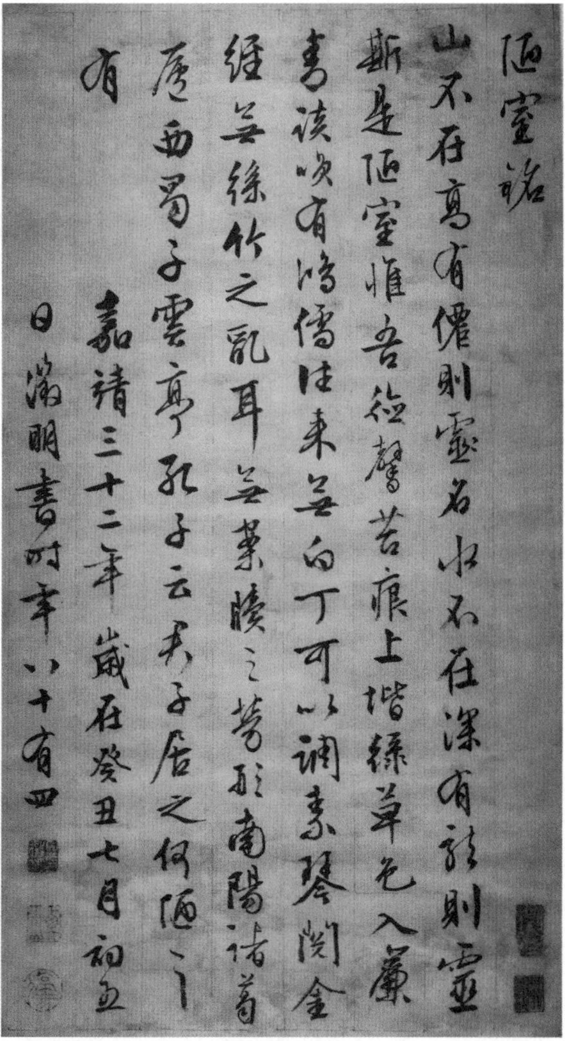

明　文徵明行书《陋室铭》轴

明　青玉婴戏图笔架

123

明代青玉婴戏图笔架采用青白玉精心雕琢而成，展现了十一位童子手持锣、鼓、花果等，正在欢闹嬉戏的场景。他们姿态各异，错落有致地组合成一个实用笔架。笔架玉质晶莹剔透，造型独特新颖，构思巧妙别致，流露出纯真与童趣，洋溢着孩童欢愉的气息，展示了古代工匠的高超技艺与艺术的丰富创造力。

124

这是明朝末代皇帝朱由检亲笔所书的一幅书法作品，以行书书写“思无邪”三个大字，端庄大气、雄健有力。其上钤有数方印玺，右上角为“御笔”印，左上角为“崇祯岁次著雍摄提格”年款长印，这是古代干支纪元的一种表达方式，指崇祯戊寅年，表明此作品书写于崇祯十一年（1638年）。

“思无邪”出自《诗经·鲁颂·駉》，本义是赞美马匹沿着大道不偏斜。在《论语·为政第二》中，孔子概括评价：“诗三百，一言以蔽之，曰‘思无邪’。”它的核心内涵是思想纯正、无邪念，强调了人性本身的道德状态。

明　崇祯帝行书《思无邪》轴

清　芙蓉石炉

125

芙蓉石是石英石的一种，含有微量钛或锰元素，使得其颜色如芙蓉花一般，呈粉红色至淡紫色。芙蓉石性脆易裂，大件器物雕琢难度极高，多用于制作戒面、项链等首饰或雕刻成摆件，质地通透，光泽柔美。

这件精美的香炉，采用粉红色芙蓉石雕琢而成，是罕见的大件芙蓉石器物。香炉口沿为圆形，凸雕一对鼎耳，炉腹微微鼓起，底部为三乳足，整件香炉造型优雅，通体光洁，颜色艳丽；底部配红木制作的秋葵叶形三足底座，红木的深沉色泽与芙蓉石的粉红相得益彰，更显香炉的精致与高雅。

清　田黄石雕戏狮罗汉

126

田黄石是一种珍贵的寿山石，产自福建省福州市寿山村寿山溪的水田之下，兼具玉的细腻与石的柔韧特性，适合精雕细刻，以其独特的橘黄色泽和温润晶莹的质地而闻名，是印章石中的珍品，素有“石帝”之称。民间亦有“一两田黄一两金”之说。

田黄石雕戏狮罗汉为康熙时期御工杨玉璇的杰作，他被誉为“寿山石雕鼻祖”。罗汉面部丰腴圆润，嘴角带笑，衣纹细腻；狮子俯卧于地，回首仰望罗汉，神态生动。此作品运用巧色技法，顺应石料色泽，利用田黄石表皮的黄色部分雕刻袈裟、内部浅色部分表现肌肤，田黄的天然温润质感与巧色技艺相得益彰，材质稀有、工艺卓越，堪称稀世珍宝。

127

清乾隆　青玉龙纹管掐丝珐琅斗狼毫提笔

毛笔是独具中国传统文化特点的书写工具，与中国书法和绘画艺术密不可分，别称“中书君”。它由动物毛发制成，凭借其卓越的弹性与灵活的笔触，创作出风格多变、内涵丰富的书法与绘画作品，呈现独特的艺术韵味与深远意境。

这支毛笔管由青玉雕刻而成，顶端巧妙地镂空雕刻出卧狮形象，笔管表面浮雕龙凤纹，笔尖为笋尖式，与笔管相连处镶有缠枝莲纹掐丝珐琅笔斗，集玉雕和珐琅工艺于一身，堪称珍品。

128

笔山，也称笔架、笔搁，是古代的一种文房用具，可以方便地放置毛笔，防止笔杆滚动或笔墨沾染他物，保持案几整洁。笔山大约出现于南北朝时期，宋代盛行于文人的书斋案头。

这件笔山制作于清雍正年间，风格仿宋代哥釉，通体呈温润的青色，黄色开片纹布满山体，别有趣味，也反映了当时的复古之风。

笔山呈五峰式，中央主峰最高，侧峰依次降低。它模仿山峦起伏的形态，既具备实用功能，又蕴含山水雅趣，彰显古人追求天人合一、砥砺品德的精神追求，还被赋予“文昌运隆”“节节高升”等吉祥美好的寓意。

清雍正　仿哥釉笔山

清康熙　釉里三色松竹梅图笔筒

129

松、竹、梅在中国传统文化中被誉为“岁寒三友”，它们不畏严寒，在寒冬中保持生命力，象征高洁、坚韧的品格，自古深受文人雅士喜爱，常借以自勉。

这件笔筒烧制于清康熙年间，采用“釉里三色”釉下彩技艺，集青花、釉里红和豆青三种釉色于一体，图案中的松针、苍竹、梅树、草丛以青花描绘，梅花、松树以釉里红勾勒，山石以豆青釉渲染，共同构成了一幅清新简约、色彩明快的松竹梅图景。

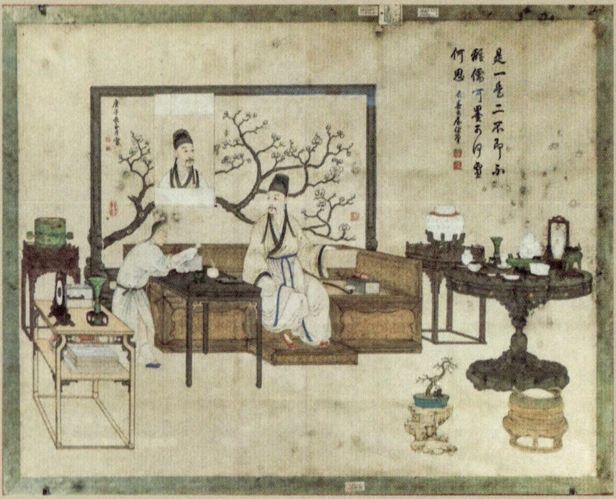

清乾隆　佚名绘弘历是一是二图像屏

130

《是一是二图》借鉴模仿于宋代人物画页“闲居图”风格，即一幅画上有两个容貌一模一样的主角，一个为日常坐姿形象，另一个被描绘于画中所挂画轴上，巧妙地营造出“画中画”的视觉效果，这种独特的构图手法既新颖又引人入胜，被称为“二我图”，常被后世画家模仿。

画面中，乾隆皇帝端坐于坐榻之上，头戴方巾，身着长袍，一手执笔，另一手持书卷，身后是精美的山水画屏。画屏一侧悬挂的画轴上，同样描绘着乾隆皇帝的形象。坐榻周围陈列着琳琅满目的珍玩宝物，包括瓷器、玉器、青铜器等。画作右侧上方题有一首诗，“是一是二，不即不离。儒可墨可，何虑何思”，表达了画作旨趣，映衬出陶冶情操、消遣雅兴的精神追求。

清　翠雕白菜式花插

131

清代翠雕白菜式花插以翡翠精心雕琢而成，是一种宫廷家居装饰品，整体造型如一株生机勃勃的白菜，菜叶宽阔、色泽鲜绿，中央设有插花的孔洞。工匠巧妙地将翡翠中的天然褐色部分转化为白菜叶脉的纹理，浑然天成，几近自然。底座采用红木精心雕刻，镂雕山石、灵芝、竹叶等纹饰，与翠绿白菜相得益彰，平添了几分美感与韵味。

132

渔翁在中国传统文化中代表着品行高洁、飘然世外的隐者形象，深受文人雅士推崇与青睐，他们常“以渔言志”，借渔翁之姿自喻，以此抒发对恬淡平和、超脱世俗的逍遥精神境界的向往。

这件玉器质朴古拙、意蕴深远，工匠巧妙地依托整块和田白玉子料，以简约的手法，雕刻出头戴斗笠的渔翁形象，线条流畅简练，神态生动自然，颇具雅致韵味。玉器底部平滑，以隶书阴刻乾隆御题诗《题和阗汉玉蓑笠渔翁》，钤“比德”“朗润”印，这是乾隆皇帝常用的印章，分别寓意君子比德于玉、品行高洁，玉器质地温润、光彩朗润。

清　乾隆御题白玉渔翁

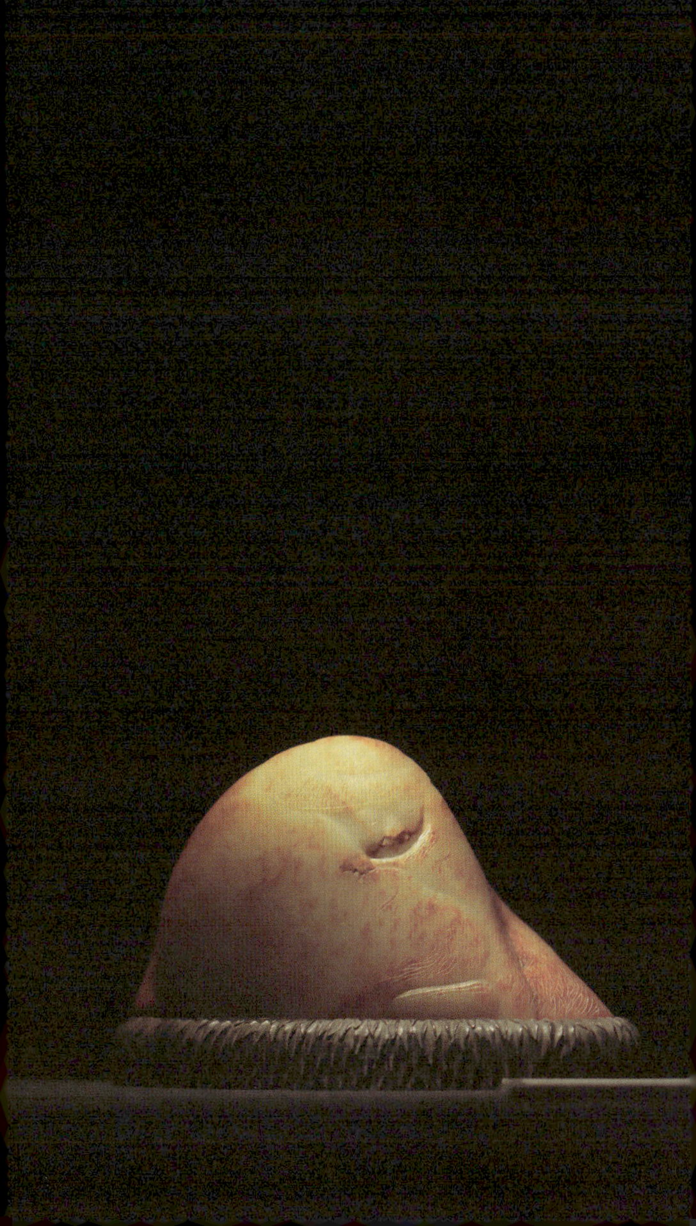

清康熙　五彩渔家乐图棒槌瓶

133

棒槌瓶为清朝康熙年间新创的瓷器器形，其外形类似古代洗衣用的棒槌，因而得名。瓶身通常有精美的纹饰，如山水、人物、花卉等，釉彩有青花、五彩、粉彩等多种。其中，五彩瓷在明代中期已十分盛行，其特点是釉下彩和釉上彩相互结合烧制，色彩丰富精美。康熙时期的五彩瓷器颜色更绚丽，特别是釉上蓝彩与黑彩的使用，赋予瓷器一种富丽堂皇的视觉效果。

这件棒槌瓶瓶颈处绘有树石、凉亭图案，下方环绕一周精致的花卉纹饰。瓶身至圈足部分描绘了“渔家乐”场景，渔人围坐在两只渔船上，举杯畅饮，共庆丰收，人物姿态各异，岸边绿树成荫，远处还有一名渔夫撑船而来，船上的水鸟正回头张望，远处晚霞与湖光山色交相辉映，共同构成了一幅宁静和谐的画面。

134

这件鼻烟壶图画出自清末民初京派内画四大画师之一马少宣之手，他凭借“一面诗一面画”的精湛内画技艺闻名于世。鼻烟壶壶身以透明玻璃制成，一面描绘了京剧艺术家谭鑫培在《定军山》中饰演的黄忠，人物形象栩栩如生，服饰细节精致入微，尽显名角非凡风采；另一面为马少宣小楷题诗及钤印。因为内画技艺要求在极其有限的内壁反向作画，所以对笔法的要求极为严苛。这件鼻烟壶将京剧戏曲艺术、绘画书法与玻璃工艺巧妙地融为一体，精妙绝伦，令人叹为观止，可谓杰作。

清　马少宣款玻璃内画谭鑫培戏装像鼻烟壶

清　紫檀嵌錾胎珐琅五常图座屏

135

“五常”亦称“五伦”，指古代社会君臣、父子、夫妇、兄弟、朋友关系。唐代以后多以五种禽鸟象征“五伦”。凤凰寓意祥瑞和谐、君王有道，象征君臣有义。鹤寿千岁，成年鹤与幼鹤和鸣，象征父子有亲。鸳鸯双栖双飞、形影不离，象征夫妇有别。鹡鸰群飞互助、不离不弃，象征长幼有序。黄莺叫声优美动听，犹如呼朋唤友，象征朋友有信。

这件座屏采用紫檀制作框架及底座，顶部镂雕流云蝠磬纹帽，两侧为雕花站牙，五扇屏风以錾胎珐琅工艺分别绘饰凤凰、仙鹤、鸳鸯、鹡鸰、黄莺及山石草木，寓意“五常”，不仅工艺精湛，还蕴含深厚的文化内涵。

清　白套彩色玻璃鼻烟壶

136

套玻璃工艺，又称套色玻璃工艺或套料工艺，通常以一种色彩玻璃为胎，外层套其他色彩玻璃加以雕琢，或将加热的其他颜色玻璃料直接在胎体上塑形，融玻璃制作与雕刻工艺为一体，制成品既有玻璃的透明质感，也兼具雕塑作品的立体美感。

白套彩色玻璃鼻烟壶以白玻璃为胎，外套红色、黄色、绿色、蓝色等其他颜色玻璃，雕琢工艺精湛细腻，色彩鲜亮明快，十分精致。

137

仿玛瑙玻璃金星点子葫芦式鼻烟壶采用经典的葫芦形设计，胎体为紫色玻璃，表面饰有蓝色、黄色、绿色条纹，金星料斑点点缀其间，在光照下熠熠生辉，共同形成了独特的纹理与金光闪闪的效果，整体外观华丽而不流于庸俗，展现出清丽典雅的艺术风格。

清　仿玛瑙玻璃金星点子葫芦式鼻烟壶

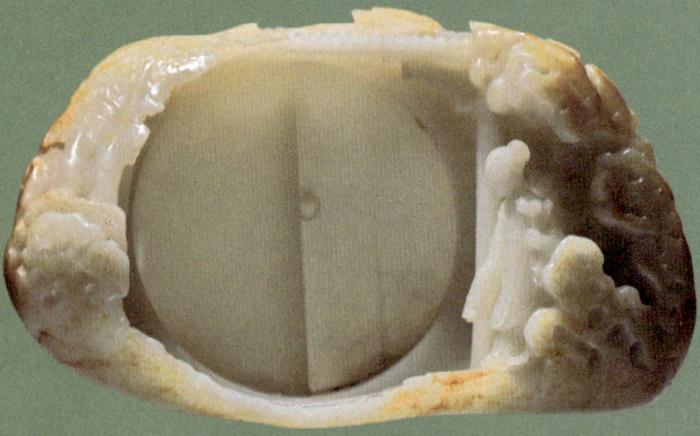

清乾隆　白玉雕桐荫仕女图山子

138

白玉雕桐荫仕女图山子为清乾隆时期的玉雕杰作，由江南玉匠利用玉材废料雕琢而成。玉料原为带有黄色玉皮的白玉，中间圆形部分已被取用制作玉碗，工匠依形就势，巧妙构思，模仿《桐荫仕女图》，将剩余玉材雕刻成一件工艺精湛精美绝伦的玉山子。

山子中间圆洞雕为月形门，四周环绕的山石、梧桐、蕉叶、桌凳等，以橘黄色玉皮和白色沁斑等巧工雕成。门内外各立一位仕女，一位手持如意，另一位双手捧盒，两相呼应，十分有趣。山子底部阴刻有乾隆皇帝的御制诗和御识文，诗中赞美了玉匠的巧思技艺，表达了自己的喜爱之情。

139

冰梅纹，也称“冰裂梅花纹”，是一种独具特色的装饰纹样。它通常以冰裂纹为地，在其上勾勒出含苞待放或盛开的梅花，或旁逸斜出的枝梅，巧妙地将冰裂纹理与形态各异的梅花融为一体，既和谐又充满美感。

此瓶结合铜胎画珐琅与玻璃工艺，造型优雅，线条流畅，瓶身的玻璃冰梅纹尤为引人注目，梅花是在铜胎上镶嵌玻璃珠制成的，闪闪发光，如冰似玉，白色梅花、红色花蕊在蓝色背景下熠熠生辉，既有金属的质感，又不失玻璃的细腻，呈现一种庄重典雅的艺术风格。

清　铜胎画珐琅嵌玻璃冰梅纹瓶

清乾隆　紫檀木雕修禊图八屉　兰亭八柱插屏

140

紫檀木雕修禊图八屉与兰亭八柱插屏为紫檀木雕屉匣组合。正面插屏设计为可拆卸式，精雕细琢地展现了兰亭修禊的场景。屉匣内设有八个抽屉，依照《易经》八卦乾、坎、艮、震、巽、离、坤、兑顺序排列，分别珍藏着与《兰亭序》相关的八个摹本，包括虞世南、褚遂良、冯承素临摹的王羲之《兰亭序》墨迹，柳公权的《兰亭诗》和乾隆帝临摹的董其昌仿柳公权的《兰亭诗》等珍贵作品。乾隆帝还命人将这些摹本刻于八根石柱之上，目前这些石柱陈列于中山公园内的兰亭八柱亭中。

141

清乾隆　金漆雕龙纹鹿哨　彩漆描金鹿哨

哨鹿是清代秋季承德木兰围场林间的宫廷狩猎项目，也是满族传统习俗，“木兰”为满语音译，意即“哨鹿”。鹿哨是一种模仿鹿鸣声的工具，也称鹿笛，用于吸引鹿群以进行狩猎。皇帝哨鹿一般在天亮前进行，侍从头戴鹿角冠、身披鹿皮衣埋伏在林壑，吹响鹿哨以吸引鹿群出现，为合围捕猎创造条件。

这两支鹿哨均为木质，内部中空，其中一支金漆雕龙，器身呈直线形，两端分别为张口龙首和镶牛角嘴；另一支为号筒状，两端分别为器口和镶象牙嘴，器身呈弧形，采用彩漆和描金工艺绘花卉、卷叶和“卍”字等精美纹饰。鹿哨制作工艺精湛，兼具实用功能和艺术美感，富有民族特色。

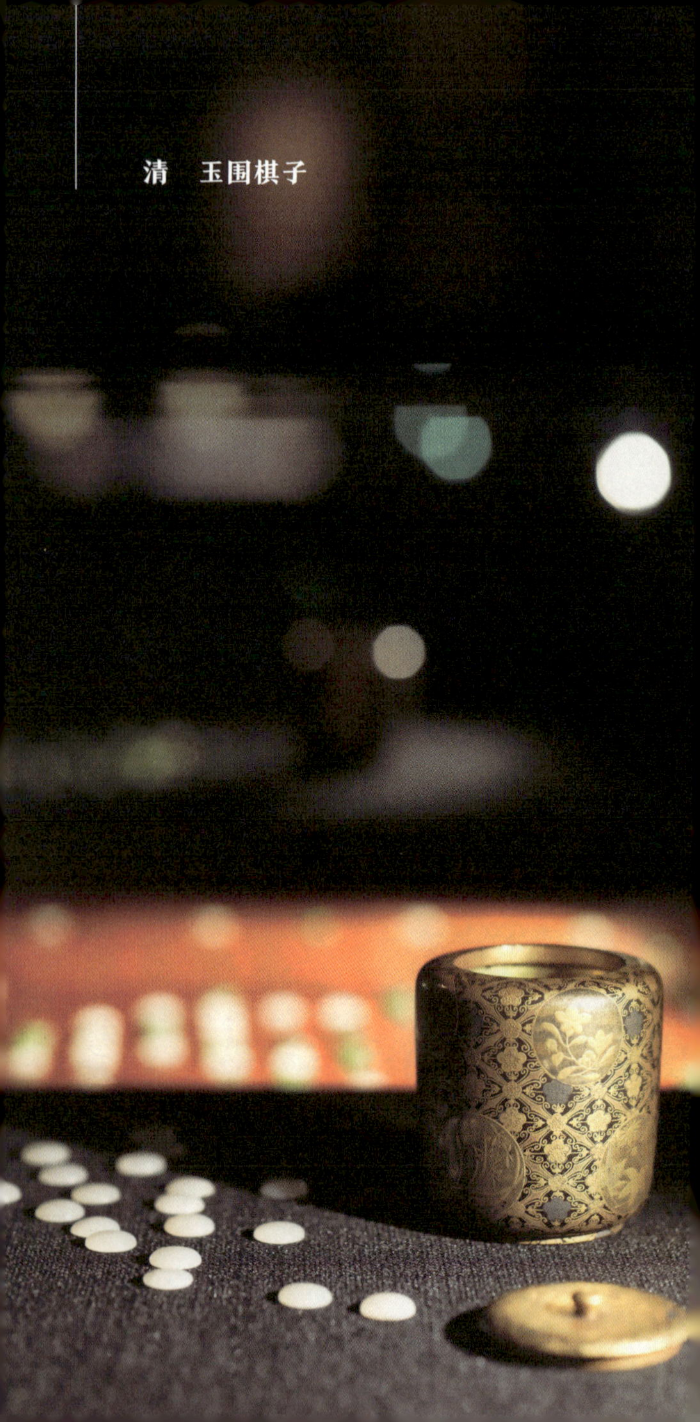

清　玉围棋子

142

围棋是中国最古老的棋戏之一，其起源可追溯至春秋时期，唐宋年间围棋在文人雅士与皇室贵族间蔚然成风、备受推崇，清代无论是宫廷深处还是市井民间，围棋都广受欢迎。

这套玉围棋子由白玉和碧玉制成，棋子呈扁圆形，白玉棋子洁白如羊脂，碧玉棋子翠绿如韭叶，白色、绿色相映成趣，清新雅致。棋盒采用黑漆描金绘缠枝莲纹，华贵精美。

好日

故宫中佳节更迭，岁时流转。

元旦朝贺、上元灯辉、端阳艾蒲、中秋月祀、冬至祭天、万寿庆典、大婚喜庆……这些节庆仪式隆重盛大、热闹非凡。无论是特制的节令饮食、应景的装饰陈设，还是雅致的游赏活动、吉祥的器物珍宝，都承载着祈福纳祥的愿望，充满了人间烟火的温暖。一饮一啄、一器一物之间，彰显着中华节庆文化的独特魅力与宫廷习俗的精致风雅。

陆

元旦开笔

自雍正时期起，清朝皇帝每年元旦（农历大年初一）都会在养心殿明窗前举行“开笔仪式”，书写“吉语”，表达国泰民安、吉祥如意等祈愿，这个仪式被称作“元旦开笔”。

143

这是乾隆皇帝元旦（大年初一）在紫禁城养心殿举办“开笔仪式”时盛放屠苏酒的专用酒杯。杯身一面錾刻着“金瓯永固”，另一面錾有“乾隆年制”，故得名“金瓯永固”杯。瓯指古代金制的盆或盂等器具，不仅是酒杯的美称，还象征着国土的完整与巩固。酒杯被命名为“金瓯永固”，寓意江山社稷平安永固。

乾隆款“金瓯永固”杯以鼎为形，两侧设计有紧抓杯口的龙形耳饰，龙首之上镶嵌珍珠。杯身外壁錾刻满宝相花，并镶嵌有珍珠及红、蓝宝石。杯的三足为象首样式，取“吉祥”与“吉象”的谐音，象征天下吉祥太平。整杯制作工艺极其精细复杂，金光璀璨，富丽堂皇，不仅代表了清代皇家工艺的杰出水平，更是中华文化的稀世瑰宝，为清朝时期最具代表性的金器之一。

清　乾隆款“金瓯永固”杯

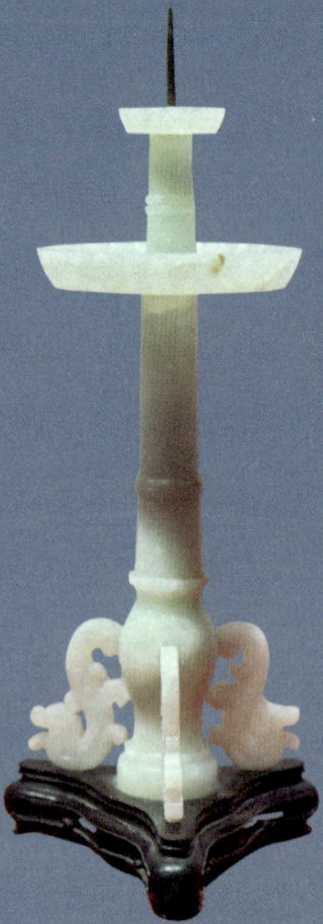

清　乾隆款“玉烛长调”烛台

144

这件烛台是乾隆帝“元旦开笔”时的御用物品，从上到下依次为两个大小不一的梅花形玉盘，由圆柱形支柱支撑，向下贯通至三足底座。小玉盘中间插有放置蜡烛的铜钎，大玉盘盘心刻篆书“玉烛长调乾隆年制”。“玉烛长调”寓意风调雨顺、盛世太平。

145

清代宫廷庆贺元旦（春节）时，除了贴对联外，还会张贴吉语字条，诸如“百福骈臻”“平安”之类，称为春条，字数各异，单双不限，可在宫内各处灵活贴挂，如墙面、门窗、梁柱、屏风、宝座等。春条和春联同样承载新年祝福，皇帝会亲笔书写宫殿中张挂的春条春联，表达辞旧迎新、祈福纳祥的祝愿。

清 『国泰民安』春条

清人绘《儿童舞狮图》册页

册页是指将单幅小幅画作装订成册的一种艺术形式，不仅便于保存和欣赏，而且每幅作品通常都能独立成章，描绘特定主题内容。在中国传统绘画中，儿童形象常寓意多子多福、家族兴旺。

《儿童舞狮图》册页是清人绘《婴戏图》第七开，描绘了正月时节，

146

一群活泼可爱的儿童进行舞狮活动的热闹场景。画面中共有十名儿童，其中，有两名儿童身着狮形外套扮演狮子，有一名儿童在前方牵引狮球，还有一名儿童高举彩旗，其他儿童手持鼓、锣、钹和唢呐等传统乐器演奏助兴，他们脸上洋溢着纯真的笑容，充满了童真趣味。

中和韶乐

中和韶乐在清代乐制中的规格最高，融礼乐歌舞为一体，演奏乐器共十八类，由八种材料组成，称为“八音”。中和韶乐是明太祖朱元璋下令创制的，取儒家“中正平和”之意，其源头是先秦时期的宫廷雅乐。传说孔子三十五岁时在齐国欣赏韶乐，陶醉其中，三个月而不知肉味，认为其尽善尽美，是礼乐教化理念的典范。

中和韶乐主要用于郊庙祭祀和朝会典礼，如坛庙祭祀、朝会、宴会，以及元旦、冬至、皇帝万寿庆典和登基及大婚等，需要二百多人共同演奏，以彰显典礼隆重和皇家威仪。

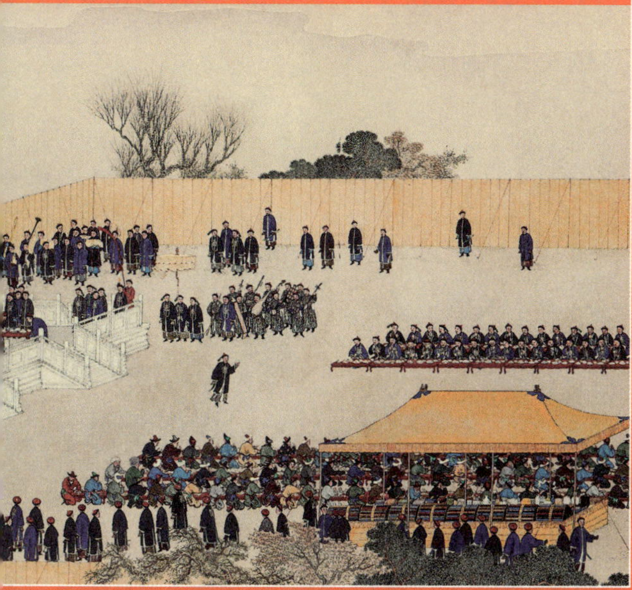

清乾隆　铜镀金双龙纽云龙纹编钟

147

中和韶乐最重要的乐器是悬挂在架子上的编钟和编磬，编钟以金属铸造，编磬以玉石制作，演奏时钟磬和谐共鸣，称为“金声玉振”。

这套编钟共十六枚，采用范铜铸造工艺，表面镀金，钟体呈椭圆形，内部为空心设计。每枚钟均为双龙纽，钟身高浮雕云龙纹，正中镌刻“乾隆二十九年制”铸造年款，背面刻有相应律名，共包括十二正律及四个倍律（低音）。所有钟形状一致，以钟体的厚薄来区分音高。

148

这套编磬共十六枚，以精美和田碧玉雕琢而成，玉质纯净温润，两面均饰描金云龙纹，上方短边镌刻“乾隆二十九年制”铸造年款，上方长边镌刻相应律名，这些律名与编钟一致，长短边相交处钻有圆孔，便于悬挂演奏。所有磬形状相同，以磬的厚薄区分音高。

清乾隆　青玉描金云龙纹编磬

清 木彩画中和韶乐柷

149

柷是中和韶乐“八音”中的木类乐器之一，象征乐曲开始，在演奏之初敲响。外形酷似方斗，上宽下窄，内壁髹黑漆，边框及底座髹金漆，外壁彩绘海屋添筹、麒麟等吉祥图案。在演奏时，以一根带长柄的八棱形木槌敲击内壁发声部位，木槌名为“止”。演奏前举麾，乐师以木槌敲击柷内壁三声，击柷为号，开始演奏。

150

敔是中和韶乐“八音”中的木类乐器之一，象征乐曲终止，在演奏接近尾声时刮响。它宛如一只匍匐的猛虎，双耳挺立，额间为醒目的白纹，双目圆睁，嘴巴紧闭，虎尾前卷，表面为虎皮纹饰。虎背插置的二十七片长方形木片作为发声部位，三片一组称为“鉏铻”。演奏工具是下部剖分为二十四根细条的竹筒，称为“籈”，在演奏即将结束时，以籈刮奏鉏铻发出乐声，指挥者将麾缓缓放下，乐曲宣告结束。

清 木彩画中和韶乐敔

清康熙　金云龙纹编钟　黄钟律

151

这是一件真正用黄金铸造的编钟，制作于康熙五十五年（1716年），用于康熙皇帝祈谷坛祭祀典礼。整套编钟共十六枚，此件为其中之一，钟纽为伏卧的交龙形象，钟身饰龙纹，富丽堂皇，庄重精美。黄钟律为十二律的第一律，也是阳律之首。这件编钟不仅是音乐的载体，更是历史的见证。

152

这种小巧精致的编磬，其规格尺寸为正式编磬一半，专为重华宫殿内演奏中和韶乐而制。小编磬一套通常包含十二枚，此为其中之一，采用和田碧玉琢磨而成，表面饰有描金云龙纹，金玉交相辉映，璀璨夺目，华贵奢华。

清乾隆　碧玉描金云龙纹小编磬　大吕律

清乾隆　白玉合卺杯

153

“合卺”一词源自《礼记·昏仪》中的“共劳而食，合卺而酳”，意思是新婚夫妇共同食用同一牲畜的肉，并将葫芦剖为两半，各自执一瓢共饮，这是婚礼中的重要礼仪，象征夫妇同饮共食、结为一体。后来“合卺”代指结婚，或指婚礼上夫妇饮交杯酒。

这件白玉合卺杯采用连体双筒形设计，二杯相连，象征夫妇同甘共苦、合二为一。杯上部雕饰蟠龙，外壁镂雕一只展翅飞翔的雄鹰，口中衔环，鹰足下踏着一头憨态可掬的熊。鹰熊与“英雄”谐音，象征勇武、尊贵与吉祥，寓意婚后子孙繁茂。清代宫廷中鹰熊合卺杯常被用于皇室婚礼庆典，或是皇帝对功臣的嘉奖赏赐。

154

渣斗是一种古代生活用具，通常用于盛放食物残渣、茶渣或漱口水等。宫廷所用渣斗多制作精美，不仅具备实用价值，还兼具装饰功能。

这件渣斗是为同治皇帝大婚专门烧造的瓷器之一，敞口外撇，鼓腹圈足，比例和谐。内壁施白釉，口沿施金彩，外壁施矾红釉，色泽艳丽，红中泛橙，釉面光润。红地之上以金彩绘满“喜”字，金光闪闪，熠熠生辉。渣斗器形虽小，方寸之间却尽显富丽堂皇，洋溢着浓厚的喜庆气氛。

清同治　矾红釉描金“喜”字渣斗

清乾隆　粉彩婴戏图双联瓶

155

双连瓶，又称合欢瓶，是清乾隆时期流行的瓶式之一。瓷瓶整体造型小巧精致，粉彩工艺为主要装饰手法。瓶双纽盖施金彩，盖面用蓝色、红色、黄色三彩描绘垂叶纹等精美纹饰，腹部绘有婴戏图，孩童伴随动物正在追逐嬉闹，釉色鲜艳，线条流畅，显得格外华丽和雅致。瓷瓶两只相连，象征阴阳和合，恩爱幸福美满。婴戏图作为中国传统吉祥图案之一，寓意多子多福、家庭幸福。

156

这件盆景以银质六方盆为花盆，盆中有一株金桃树。银盆口沿饰鱼子、桃花、莲花纹样，外壁的六面开光内分别浮雕“王母仙驾”“仙女采桃”“童子献寿”等神话场景，蕴含“延年益寿”的祥瑞寓意。盆中的金桃树曲枝蜿蜒，金光灿灿，桃子表面錾刻鱼子纹与团寿纹，桃叶脉络纹理细致入微，桃花上镶红宝石缀珍珠，枝头有四只金丝蝴蝶，翅翼镂空，宛如在空中翩翩起舞。

整件盆景集錾刻浮雕、宝石镶嵌、金银累丝等多种工艺于一体，由造办处“玉作”“累丝作”等多部门协作打造，整体无焊接痕迹，衔接天衣无缝，宛若自然生成。繁复而华丽的纹饰，以及银盆与金树之间鲜明的色彩对比，营造出一种璀璨夺目的视觉效果，工艺之精巧令人叹绝。

清　银六方盆金桃树盆景

清　“甲子万年”银元宝式火锅

157

吃火锅是清代满族人的饮食习俗，俗称“锅子”，边煮边吃，别具风味。清朝宫廷同样保留着吃火锅的习俗，大约从秋季开始，便会在御膳中增添火锅，锅下置炭火，用以煮涮各式各样的食材，包括肉类、蔬菜等，类似于今天的涮锅。

这件火锅外观呈元宝形，锅盖上錾刻“甲子万年”字样，盖钮与底下加热的火碗，均巧妙设计为元宝形。四足支架则采用如意形设计，如意头上分别錾刻“吉祥如意”“年年如意”“万福如意”“万年如意”字样。其可能是宫中万寿宴所用。

158

如意代表吉祥、称心如意，其起源可追溯至春秋战国时期的挠痒工具——“爪杖”，后逐渐发展演变为一种陈设珍玩，承载着祈福纳祥的美好寓意。

这组金光熠熠的如意共计六十柄，是1770年乾隆皇帝六十大寿之际，王公大臣“众筹”敬献的珍贵寿礼。如意采用精湛的累丝工艺精心打造，共耗用黄金1361两。每柄如意的头部均镶嵌有绿松石“甲子”“乙丑”等干支纪年字样，而柄部则饰以绿松石“万年如意”铭文，辅以精美的累丝古钱纹、镂空古钱纹、六角锦纹、卷草纹等装饰，工艺之繁复与奢华可见一斑。六十柄“金如意”环绕成圈，象征着“一甲子六十年”的岁月流转，既与乾隆皇帝的六十大寿相契合，又寓意着永恒的吉祥与长寿，其构思之巧妙，令人赞叹。

清乾隆　金累丝万年如意

清光绪　黄地粉彩万寿无疆盘

159

“万寿无疆”主题在晚清瓷器中颇为风行，此件黄地粉彩万寿无疆盘，口沿圆润，线条流畅，圈足规整，整体比例协调。盘沿有四个圆形开光，分别书写“万”“寿”“无”“疆”四字，盘心则饰以团寿字样与海水江崖纹，其外以粉彩在黄地上绘制如意纹、“卍”字飘带及朵云纹等吉祥图案，绘制精细，色彩搭配和谐而鲜艳，洋溢着喜庆气息。

后记

故宫之美，是一部流淌在民族血脉中的华彩乐章，它远不止于建筑的雄伟壮丽，更深藏于每处细节的精致与考究中。从雕梁画栋到各类器物，从国彩宫色到吉祥寓意，故宫之美既包罗万象又绚丽多彩，历经六百余载风雨洗礼而愈发璀璨，彰显跨越时空的永恒魅力。

漫步故宫，犹如亲手翻阅一部厚重的编年史。朱红色的宫墙与明黄色的琉璃瓦在光影流转间，默然诉说着六个世纪的波澜壮阔。脚下的每一步，都仿佛踏在历史的脉络之上；眼前的每一景，皆是岁月精心雕琢的印痕。从中轴线上震撼人心的磅礴气势，到东西六宫幽深雅致的庭院格局，再到琳琅满目的珍宝展览，无不令人凝神驻足，流连忘返。这不仅是一场视觉的华美盛宴，更是一次与古老文明的无声对话，在时空交错中唤起心灵深处的共鸣。

故宫之美是历史的，古老的建筑、精美的文物、绚丽的色彩，都凝聚着古人的审美与巧思；故宫之美也是现代的，其蕴含的东方美学与文化精髓，依然焕发着蓬勃的生命力。这本小书，正是对故宫之美的一次深情致敬，愿它散发出的每一道光彩，都能为你我带来最丰沛的精神给养与文化熏陶。